문학과지성 시인선 335

내 몸속에 잠든 이 누구신가

김선우 시집

문학과지성사

문학과지성사에서 펴낸 김선우의 시집

녹턴(2016)

문학과지성 시인선 335
내 몸속에 잠든 이 누구신가

초판 1쇄 발행 2007년 7월 6일
초판 17쇄 발행 2024년 6월 11일

지 은 이 김선우
펴 낸 이 이광호
펴 낸 곳 ㈜문학과지성사
등록번호 제1993-000098호
주   소 04034 서울 마포구 잔다리로7길 18(서교동 377-20)
전   화 02)338-7224
팩   스 02)323-4180(편집) 02)338-7221(영업)
전자우편 moonji@moonji.com
홈페이지 www.moonji.com

ⓒ 김선우, 2007. Printed in Seoul, Korea

ISBN 978-89-320-1790-7 03810

이 책의 판권은 지은이와 ㈜문학과지성사에 있습니다.
양측의 서면 동의 없는 무단 전재 및 복제를 금합니다.

지은이는 2006년 한국문화예술위원회가 지원한 창작지원금을 수혜했습니다.

문학과지성 시인선 335
내 몸속에 잠든 이 누구신가

김선우

2007

시인의 말

시인으로 산 지 십 년이 되었다.

이 시집이 세상에 보내진 이후
어쩌면 나는 당분간 시를 떠나 있을지도 모르겠다.
정확하게는, 시를 청탁받고 발표하는 관행으로부터
떠나 있는 일이 될 것이다.

언제든 시는 돌아올 수밖에 없는 고향이다.
어디서든 시는 내 몸의 일부를 이루는 타향이다.

시로 와준 모든 그대들,
사랑한, 사랑하는 그대들께 바친다.

2007년 7월
김선우

내 몸속에 잠든 이 누구신가

차례

시인의 말

제1부

등 11
낙화, 첫사랑 12
돌에게는 귀가 많아 14
사릿날 16
그 많은 밥의 비유 18
깨끗한 식사 20
킬링필드, 연밥 따는 아씨의 노래 22
어떤 출산 24
나는 아무래도 무보다 무우가 26
자운영 꽃밭에서 검은 염소와 놀다 28
내가 기르는 천사 볼래? 30
월식 파티 31
홍수아이 32
봄잠 34
공화국의 모든 길은 36
폐소 공포 38
뺄에 울다 40

제2부

내 몸속에 잠든 이 누구신가 45

다디단 진물 46

잠자리, 천수관음에게 손을 주다 우는 48

여러 겹의 허기 속에 죽은 달이 나를 깨워 50

아욱국 52

화염 도시 54

어떤 포틀래치 56

보름밤 종려나무 그림자에 실려 58

제비꽃밥 60

꽃나무 63

열네 살 舞子 64

빙하 아래 75

칠월의 일곱번째 밤 78

주홍 글씨 80

바라본다, 꽃 피는 82

퉁소 84

사랑의 빗물 환하여 나 괜찮습니다 86

어미木의 자살 5 88

제3부

그러니 애인아 91

거미 92

성선설을 웃다 93

水桶 94

비바리, 잃어버린 구멍 속 95
그 나무가 삼킨 종 이야기 98
어미木의 자살 3 100
生理 101
얼음 우물 고아원 102
메나리토리-몸-뚱아리 104
유성 폭우 오시는 날 106
무서운 들녘 108
분화구 109
이를 갈다 110
석양에 들다 112
세한 113
에밀레종 소리 듣다, 일식을 보다 114

제4부

눈 속에 117
오브-라-디 오브-라-다 118
사골국 끓이는 저녁 121
얼룩 서사(敍事) 122
내 쉰두번째 결혼식의 패랭이꽃 124
내 손이 네 목 위에서 126
문지르다 128
카르마, 동물의 왕국 129
당신의 옹이 130
폭포탕 속의 구름들 132

깊은 산속 옹달샘 134
어미木의 자살 4 136
뒤쪽에 있는 것들이 눈부시다 138
다른 손에 관하여 140
그날, 늙은 복숭아나무 아래서 141
Everybody Shall we love? 142
대천바다 물 밀리듯 큰물이야
거꾸로 타는 은행나무야 145
거기쯤에서 봄이 자글자글 끓는다 146
부쳐 먹다 147
대포항 148

해설 | 사랑의 형(形)과 율(律) · 박수연 149

제1부

등

아이 업은 사람이
등 뒤에 두 손을 포개 잡듯이
등 뒤에 두 날개를 포개 얹고
죽은 새

머리와 꽁지는 벌써 돌아갔는지
검은 등만 오롯하다

왜 등만 가장 나중까지 남았을까,
묻지 못한다

안 보이는 부리를 오물거리며
흙 속의 누군가에게
무언가 먹이고 있는 듯한
그때마다 작은 등이 움찔거리는 듯한

죽은 새의 등에
업혀 있는 것 아직 많다

낙화, 첫사랑

1

그대가 아찔한 절벽 끝에서
바람의 얼굴로 서성인다면 그대를 부르지 않겠습니다
옷깃 부둥키며 수선스럽지 않겠습니다
그대에게 무슨 연유가 있겠거니
내 사랑의 몫으로
그대의 뒷모습을 마지막 순간까지 지켜보겠습니다
손 내밀지 않고 그대를 다 가지겠습니다

2

아주 조금만 먼저 바닥에 닿겠습니다
가장 낮게 엎드린 처마를 끌고
추락하는 그대의 속도를 앞지르겠습니다
내 생을 사랑하지 않고는

다른 생을 사랑할 수 없음을 늦게 알았습니다
그대보다 먼저 바닥에 닿아
강보에 아기를 받듯 온몸으로 나를 받겠습니다

돌에게는 귀가 많아

귀가 하나 둘 넷 여덟
나는 심지어 백 개도 넘는 귀를 가진 돌도 보았네
귀가 많은데 손이 없다는 게 허물될 것 없지만
길 위에서 귀 가릴 손이 없으면 어쩌나
나도 손을 버리고 손 없는 돌을 혀로 만지네
이 돌은 짜고 이 돌은 시네
달고 맵고 쓴 돌 칼칼한 돌 우는 돌
단 듯한데 실은 짜거나
쓴 듯한데 실은 시거나
혀끝을 골고루 대어보아야
돌이 자기 손을 어떻게 자기 몸속에 넣었는지
알 수 있네 무미 무취라니!
무취한 사람이 없는 것처럼
귀가 많으니 돌이야말로 맛의 궁전이지
당신이 가슴속에서 꺼내 보여준
막 쪼갠 수박처럼 핏물 흥건한 돌덩이
맵고 짜고 쓴데 귀 가릴 손이 없으니
내 입술로 귀를 덮네

입술 온통 붉은 물이 들어
어떻게 자기 귀를 몸속에 가두는지 보라 하네

사릿날

아무래도 오늘은 사릿날,
음력을 쓰지 않는 지구 남쪽 끝섬에서
달점을 쳐보지 않아도 알 수 있는 것
벙글던 몸이 만삭이다가 그대를 낳고 난 아침
내가 다시 순결한 황무지인 것 바닷가 사람들은
잠, 이라고 말하네 밀물과 썰물의 시간을
석 잠째 혹은 넉 잠째라고 더러는 아주 깊어
여섯 잠째의 밀물이 썰물져 가기도 하네

깊은 썰물이 몸속을 돌아나가
달의 소음순에 밀물져 닿는 아침,
대지를 향해 열린 닫힌 문을 통과해
달에 사는 물고기 떼 미끄러져 오는 동안
인간의 지느러미가 스쳐간 문 속의 문들
해저처럼 푸르네 아무도 이 문을
통과하지 않고선 숨 얻을 수 없으니
이제 막 해변에 닿은 구유 속에는 아직
태어나지 않은 별들이 처음처럼 끓고 있네

아무래도 오늘은 사릿날,
달이 지구를 이처럼 사모하지 않았으면
지구의 시간은 계절 밖을 떠돌았을 것이니
금이 간 뼈를 보름처럼 구부리고
파도를 밀며 끌며 오는 사랑아 이 섬 어딘가
죽음보다 질긴 사랑이 있어
우리가 낳은 혼례의 어린 몸들 깊으니
일곱 잠째의 밀물이 이번 생엔 없는 것이어도
다음 생의 첫 잠으로 올 것을 아네

* 사리: 매달 음력 보름과 그믐날 달의 인력이 커져 조수가 가장
  높게 들어오는 때.

그 많은 밥의 비유

밥상 앞에서 내가 아, 입을 벌린 순간에
내 몸속이 여전히 깜깜할지 어떨지
희부연 미명이라도 깊은 어딘가를 비춰줄지 어떨지
아, 입을 벌리는 순간 췌장 부근 어디거나 난소 어디께
광속으로 몇억 년을 달려 막 내게 닿은 듯한
그런 빛이 구불텅한 창자의 구석진 그늘
부스스한 솜털들을 어루만져줄지 어떨지

먼 어둠 속을 오래 떠돌던 무엇인가
기어코 여기로 와 몸 받았듯이
아직도 이 별에서 태어나는 것들
소름 끼치게 그리운 시방(十方)을 걸치고 있는 것

내 몸속 어디에서 내가 나를 향해
아, 입 벌리네 자기 해골을 갈아 만든 피리를 불면서
몸 사막을 건너는 순례자같이

그대가 아, 입을 벌린 순간에
내가 아, 입 벌리네 어둠 깊으니 그 어둠 받아먹네
공기 속에 살내음 가득해 아아, 입 벌리고 폭풍 속에서
비리디 비린 바람의 울혈을 받아먹네

그대를 사랑하여 아, 아, 아, 나 자꾸 입 벌리네

깨끗한 식사

 어떤 이는 눈망울 있는 것들 차마 먹을 수 없어 채식주의자 되었다는데 내 접시 위의 풀들 깊고 말간 천 개의 눈망울로 빤히 나를 쳐다보기 일쑤, 이 고요한 사냥감들에도 핏물 자박거리고 꿈틀거리며 욕망하던 뒤안 있으니 내 앉은 접시나 그들 앉은 접시나 매일반. 천년 전이나 만년 전이나 생식을 할 때나 화식을 할 때나 육식이나 채식이나 매일반.

 문제는 내가 떨림을 잃어간다는 것인데, 일테면 만년 전의 내 할아버지가 알락꼬리암사슴의 목을 돌도끼로 내려치기 전, 두렵고 고마운 마음으로 올리던 기도가 지금 내게 없고 (시장에도 없고) 내 할머니들이 돌칼로 어린 죽순 밑둥을 끊어내는 순간, 고맙고 미안해하던 마음의 떨림이 없고 (상품과 화폐만 있고) 사뭇 괴로운 포즈만 남았다는 것.

 내 몸에 무언가 공급하기 위해 나 아닌 것의 숨을 끊을 때 머리 가죽부터 한 터럭 뿌리까지 남김없이

고맙게, 두렵게 잡숫는 법을 잃었으니 이제 참으로 두려운 것은 내 올라앉은 육중한 접시가 언제쯤 깨끗하게 비워질 수 있을지 장담할 수 없다는 것. 도대체 이 무거운, 토막 난 몸을 끌고 어디까지!

킬링필드, 연밥 따는 아씨의 노래

1

그 밥을 따서 무엇에 쓰게요?

그대 밥상에 놓게요.

나는 푸른 연밥은 질색이에요.

먹으라는 게 아니라 들어가 쉬라구요.

2

연밥 따는 아씨여
그렇게 많은 구멍이 내겐 필요 없어요.
축축히 젖은 옹관들 빼곡하게 박힌
그 공동묘지는 뒤울이 너무 깊으니
내겐 단 한 개의 무덤만 줘요.

3

죽은 이들이 흘리고 간 머리카락이
연밥 속에서 무럭무럭 자라나는 늪이었네

붙들고 싶은 것이 남아
겨울이 와도 연밥은 푸르렀고
아기들의 손톱은 쉬이 짓물렀네

　들어가 쉴 수 없네 아씨여
　나는 푸른 연밥은 질색이라오.

　들어가 쉬라는 게 아니라 그만 구멍을 나오라구요!
　이름도 가져보지 못한 채 눈 가려져 던져진
　아기들이 꽃 필 차례예요.
　어서요, 이 밥을 따야겠어요.

어떤 출산

  내 거처에 멧비둘기 한 쌍 날아와 둥지를 짓더니 보안 알을 낳았네 하루에 한 알 다음 날 또 한 알, 알을 낳을 때 어미는 너무 고요해서 몸 푸는 줄도 몰랐네 성긋한 해산 자리 밖으로 일렁이며 흘러넘친 썰물…… 알 속의 이 아기는 한 살인가 어쩐가 지금쯤 겨드랑이가 간지러울까 어떨까 뜻밖의 식구에 골몰하다 갑자기 든 생각은, 실은 발가락도 날개도 다 만들어진 다음인데 반가사유로 알 속에 앉아 골똘히 생각에 잠긴 건 아닐까 나가야 할까 어쩔까 세상 밖은 정말 밖인 걸까…… 여기까지 생각이 미치니 그 다음엔 왠지 좀 억울한 것이 나는 아무래도 반쯤은 쫓겨난 것만 같아, 알로 나를 낳아주고 세상 밖으로 나갈지 말지는 저처럼 내게 맡겼으면 좋았을걸 싶어지는 거였네 멧비둘기 부부는 무량하게 알을 품지만 다만 그뿐 강요란 없어서…… 열이레가 지나고 알 하나에서 고물고물한 아기가 나왔는데 다른 알에서는 소식이 없었네 엄한 생각 탓에 동티 난 건 아닌지 갑자기 내 마음이 덜컥거렸는데…… 이틀을 더 품어보던 멧비둘기 부부가 묵언 중의 알 앞에 마주 앉아 껍질에 가만 부리를 대보던 오후가 있었네 너무 고요해서 나는 못 들었지만, 세계의 바깥이 아니라 안쪽을 선택한 아기에게 축복의 말을 주는 듯했네 알 속의 그가 선택한 탄생 이전이 그것대로 완전한 생임을 알고 있는 눈치였네…… 자기가 선택한 세계 속에서 온몸으로 돌아가기 시작한 보얀 알과 멧비둘기 부부의 극진한 고요 앞에 합장했네 지상의 새들이 날 수 있다는 건 자기 선택에 대한 최선일 뿐 모든 새가 날아야 하는 건 아니지 않나…… 자고 일어나면 배 밑에 가시풀 같은 깃털이 묻어 있는 열아흐레였네

나는 아무래도 무보다 무우가

무꾸라 했네 겨울밤 허리 길어 적막이 아니리로 울 넘어오면
무꾸 주까? 엄마나 할머니가 추임새처럼 무꾸를 말하였네
실팍하게 제대로 언 겨울 속살 맛이라면 그 후로도 동짓달 무꾸 맛이 오래 제일이었네

학교에 다니면서 무꾸는 무우가 되었네 무우도 퍽 괜찮았네
무우—라고 발음할 때 컴컴한 땅속에 스미듯 배는 흰빛
무우 밭에 나가 본 후 무우— 땅속으로 번지는 흰 메아리처럼
실한 몸통에서 능청하게 빠져나온 뿌리 한 마디 무우가 제격이었네

무우라고 쓴 원고가 무가 되어 돌아왔네 표준말이 아니기 때문이라는데,

무우—라고 슬쩍 뿌리를 내려놔야 '무'도 살 만한 거지
그래야 그 생것이 비 오는 날이면 우우우 스미는 빗물을 따라 잔뿌리 떨며 몸이 쏠리기도 한 흰 메아리인 줄 짐작이나 하지

무우 밭 고랑 따라 저마다 둥그마한 흰 소 등 타고 가는 절집 한 채씩이라도 그렇잖은가
칠흑 같은 흙 속에 뚜벅뚜벅 박힌 희디흰 무우寺, 이쯤 되어야 메아리도 제 몸통을 타고 오지 않겠나

자운영 꽃밭에서 검은 염소와 놀다

　보랏빛이 검은 염소를 쓰다듬는다 가만히 온 노을 속 검은 염소가 보랏빛을 조금 찢어 입속에 넣고 우물거린다 염소의 몸속 기나긴 회랑과 언덕을 적시고 철조망에 매달아놓은 녹슨 방울을 울리듯 젖멍울로 조금씩 스며 나오는 보랏빛, 소녀가 검은 염소의 젖멍울에 입술을 갖다댄다 네 눈이 좋아 아무것도 바라보고 있지 않아서—

　내 고향은 검은 염소와 자운영 꽃밭, 갈 곳 없는 노을이 나를 낳았대요 꽃과 혼혈이어서 나는 손톱이 조그맣구요 여섯 개의 꽃잎 손으로 무른 밥을 먹지요 목마르면 검은 엄마의 젖을 빨구요 뿔에 걸린 달님을 조금씩 부스러뜨렸어요 그때마다 젖니가 빠지고 쌍꺼풀이 커다래져서 친구들은 금세 나를 잊었지만, 괜찮아요 내 고향은 검은 염소와 자운영 꽃밭이니까요

　검은 염소의 배 밑에 붙어 보랏빛을 마시는 보랏빛, 까르륵대며 종알종알 뛰어다닌다 그런데 언니도

혼혈이에요? 갈 곳 없는 노을이 언니를 낳아 버렸어요? 괜찮아요 울지 마요 내가 다시 낳아줄게요 쉬잇, 이번엔 버리지 않을게요

그런데, 혼혈이 아닌 목숨도 있나요?

내가 기르는 천사 볼래?

아픈 것들이 자꾸 보인다는 그녀 배시시 웃으며 가끔 말하네

내가 기르는 천사 볼래?
(천사는 웬?)

신신파스 붙여준 낡은 의자
가끔 장롱일 때도 있네

장롱 문짝에 나란하게 붙여진 신신파스 두 장
작고 흰 날개처럼 보일 때도 정말 있네

잠도 쌔근쌔근 아기처럼 자는,
내 맘이야 얼른 몸 털어 나왔으면 싶지만

그녀가 천사를 기르지 않았으면
가구가 아픈 걸 까맣게 몰랐을 거네

월식 파티
── 처용, Shall we love?

그대여 다리 아래 태어난 자여
맞은편 얼굴을 껴안아요

이불깃 흐트러진 꽃살문 안쪽
달무리 질펀한 비린내의

검고 축축한 싱싱한 풀잎들
그대의 이번 세상 첫울음 길 터줄 때

달과 지구의
포개진 다리 아래,

그대의 다음 세상 첫울음 놓일 자리까지
이미 보아버린 자여

춤출 수밖에, 달빛 아래
춤출 수밖에, 다리 아래

홍수아이*

낮고 평평한 돌 위로 흙모래 흘러가네
꽃잎을 밟고 온 맨발이네
물결 이는 돌 담요의 귀퉁이를 살짝 덮고
그 애가 자꾸 꽃을 달라 칭얼거리네
자꾸만 흙탕물을 토하네 토한 것들이
낮은 돌의 상한 지느러미 사이를 흘러다니는 동안
흰 달이 자라고 억새꽃이 칼에 맞고
엄마가 돌아오지 못한 돌무덤이 병드네

미동 없이 번쩍이는 타워팰리스
언젠가 이 콘크리트 무덤들도
다른 유적들처럼 꽃 아래 묻힐 것이네
늙은 태양이 딱딱하게 병들어가는 동안
거대한 아파트 유적지를 아픈 새처럼 흘러다니는
그 애의 노래를 듣네 꽃들이 조등처럼 환해지는 계절이 오면,

돌덩이가 아주아주 늙어 고부라지면 흙이 될 텐데

흙덩이가 아주아주 늙어 고부라지면 돌이 될 텐데
내 다리뼈로 퉁소를 만들어줘
내 가슴뼈로 엄마를 앉힐 의자를 만들어줘
새장처럼 엄마를 베고 누워 웅장한 너의 유적을 바라볼게
상하지 않는 노래를 부를게 안녕 흙이 될, 안녕 돌이 될

번쩍이는 장대한 콘크리트 유적지
병든 태양의 두 눈에 꽃을 덮으며 흰 달이 퉁소를 입에 무네
입속으로 번지는 꽃 비린내……
엄마가 나를 찾을 텐데, 내 무덤 속에서 울다 가버린 엄마를 나는 어디서 찾는다지?
입술 없는 꽃들을 주워 먹으며
그 애가 노래를 부르네

* 충북 청원군 두루봉동굴에서 발견된 약 4만 년 전 후기 구석기 시대의 어린아이 유골.

봄잠
―산 밑, 사랑에 관한 두 마디 그림자극

한 무리의 군인들 몰려왔네
산벚나무 그늘에서 한 여자 끌려나왔네
다른 이념을 가진 그림자에게 밥 지어 먹인 죄라 하네
함부로 엎질러진 허공의 밥공기에서
돋지 못한 꽃눈들 애벌레처럼 쏟아졌네
다행이야 아주 차갑진 않아서―
여자가 희미하게 미소를 보였고
군인들의 총구에서 불이 솟은 순간,
산벚나무 그늘에서 한 그림자 달려나와 여자의 몸을 덮었네
낯선 그림자의 펼쳐진 옷자락 속
여자의 애벌레들 나비, 나비, 나비 떼로 펄럭대고

그림자 쓰러졌네
따스한 핏물이 쓰러진 그림자의 발목을 적셨네
밥물처럼 흥건한 나무 밑,
혹시는 이것도 사랑일까 쫓겨든 산속

멍울진 꽃눈들 파근하게 팬 오후에
밥 한 덩이 건네받은 적 있을 뿐
나비 분 일 듯 아주 찰나 손끝 스친 적 있을 뿐

산벚나무 밑에 잠든 늙은 여자를 본다면
그 여자 심장 위로 꽃잎 사무치게 져 내린다면
잠든 그림자 가만히 열어 나비를 꺼내야 하리
꽃잎 져 내린 후 푸르게 남아 흔들리는 꽃받침,
그 흔들림까지 다 꽃이었으니

공화국의 모든 길은

대관령 관통 고속도로 생긴 후 돌개바람 심해지고 안개가 자주 낀다
아침저녁 안개의 점령지를 뚫고 헤드라이트 군단이 달려간다
안개는 도처에서 몰려오고 어디든 가는 무적이지만
대관령에 이르러 슬픔을 알게 되었다, 누군가 구술한다
나는 그의 말을 받아 적으며 꽃을 뿌리고 안개는 다만 떠다닌다
발자국 내면 그 뒤로 더 많은 발자국 들끓을까 봐
안개는 길을 내지 않는다 떠다닐 뿐
형상을 버린 세포만으로 새벽을 나부대면서

가장 오래된 안개의 족속 중 현자인 족장 하나가 물파이프를 빨아올리다 옅은 기침을 할 때
쪼개진 손톱 속으로 안개의 혼이 스민다

저 길이 두렵고 아뜩하다 강릉을 향해 직선으로 내

뻗은 고속도로

　영혼은 직선을 타고 오는 법이 없으니 저 물 아래가 황량하구나, 현자의 목소리가 젖어 있어 나는 꽃 대신 잔기침을 하며 펜 끝에 침을 묻힌다

　공중을 날 듯 이 길은 동해를 향해 내려가는 것 같지만

　아니다 실은, 이 공화국의 모든 길은

　서울을 향해 놓인 길이다

폐소 공포

 강원도 산골로 국어 선생을 갔던 물방울 같은 처녀의 이야기네 흙마당 어여쁜 여자의 방에 푸른 보라 몸빛이 동쪽 바다 물속 같은 장수하늘소 한 마리 날아들었네 어디서 큰 시름 있었는지 창 아래 반 뼘 그늘 밑에서 날개를 쉬었네 여자가 설탕물 만들어 약지에 찍었고 푸른 보라 물결이 여자의 손을 핥았네 이슬과 송진과 개암 냄새를 핥았네 그늘 깊은 피안이 달 끝에 걸려 문풍지를 악기처럼 울릴 동안 여자의 몸에서 새어 나온 물소리 푸른 보랏빛 안쪽을 적셨네 서른 낮과 서른 밤…… 그늘이 뼈가 되고 꽃이 거품이 되어…… 홀홀한 이슬의 손이 어느 날 장수하늘소를 일으켰네

 여자는 갑자기 겁이 났네 하늘소 깊은 밤바닷빛 떠나면 영영 안 돌아올까 봐 유리병 속으로 밀어넣었네 창호지 마개에 숨구멍 내주고 꿀물 축인 연한 잎새 가장 깊은 살을 베어 넣어주었지만

일몰 낭자한 어느 저물녘 유리병 속에서 푸른 보랏빛 바다는 죽어 있었네 사지가 뻣뻣해진 수천 장의 물결이 여자의 안쪽을 때려……

눈물빛 종이옷 손끝에 매달려 타오르다 자지러지네 요령 소리 어둠 속으로 걸어 들어가 어둠을 입고 나오네 안쪽을 적셔보지 않고는 알 수 없는, 천길만 길 밤물결이네 긴긴 순례 끝에 여승이 가만히 펼쳐 보여준 손안에 쐐기처럼 장수하늘소座 박혀 있었네 손금에 파묻힌 유리병 속에서 잔물결 가득한 푸른 보랏빛 성좌가 소름처럼 몸을 울고

지독한 폐소 공포를 앓던 한 처녀의 이야기네 주먹을 꼭 그러쥐고 여승이 가만가만 목탁을 두드렸네 잘 살라지지 않는 무거운 종이옷을 입은 채 나는 손목을 잘라 자꾸만 닫히는 유리병 밖으로 던졌네

뻘에 울다

(씨앗사람들을 데리고 도요새 떼 여길 지나갔네 비 많이 와 늙은 도요의 눈 속이 흠뻑 젖어 있었네 그들의 마지막 말을 누군가 편집했지만,)

여기가 좋아요
뭍도 아니고 바다도 아닌
중음(中陰)의 보드라움, 몽유하는 혼들이 숨구멍처럼 열렸네요 오, 예뻐요, 빗방울처럼 제각각 몸을 둥글린 시간들
우리가 오직 날개의 무게로만 와도
씨앗들 퍼지네요 음악처럼 별빛처럼 무화과 입속처럼
여기가 좋아요
뭍이기도 하고 바다이기도 한
살가운 접촉, 흔적이 흔적 속에 잘 스며들어, 당신이 나를 낳기 좋은 아침이 왔죠 내가 당신을 낳기 좋은 저녁이 왔죠 젖멍울 짠한 노을이 땀 냄새 풍기며 우리에게 젖을 물려주었어요 여러 겹의 수평이 번져

간 발치엔 오래전의 목숨들이 세족식의 물 대야를 받치고 있었죠
  이 틈이 좋아요
  내 살과 당신의 살 사이, 서로 다른 육즙의 신선한 향내
  뭍으로도 가고 바다로도 가는
  여기는 시들지 않는 신접살림이 바람개비처럼 까불거리죠
  이쪽이기도 하고 이쪽 아니기도 한, 소슬한 틈새의 베갯머리에서
  시간이 숨구멍처럼 휘는 이곳의 혼돈이 좋아요
  우리가 오직 날개의 무게로만 와도
  날갯짓 아스라한 혼돈의 파도가 하늘 어딘가 상한 데를 쓰다듬고 온 것처럼 우리가 모르는 사이 그런 것처럼
  뭍과 바다 사이, 이토록 모호한
  어디에든 속하고 어디에도 속하지 않은
  이 드넓은 틈 사이에 씨앗사람들을 내려놓을게요

(그런데 혹시 이 모호함이 두려운가요? 그래서 자꾸 딱딱해지고 싶은 건가요?)

* 새만금 갯벌엔 해마다 수십만 마리의 도요새 떼가 지나간다. 간척사업 이전의 얘기다.

제2부

내 몸속에 잠든 이 누구신가

그대가 밀어 올린 꽃줄기 끝에서
그대가 피는 것인데
왜 내가 이다지도 떨리는지

그대가 피어 그대 몸속으로
꽃벌 한 마리 날아든 것인데
왜 내가 이다지도 아득한지
왜 내 몸이 이리도 뜨거운지

그대가 꽃 피는 것이
처음부터 내 일이었다는 듯이.

다디단 진물

 내 몸속의 벌집에서 벌들을 꺼내려고 햇살이, 봄 햇살이 자꾸 나를 짓무르게 한다 꿀벌이 날던 내 안의 벌집은 죽은 지 오래인데 햇살의 섬모가 목덜미를 타 오르고 엄마, 발이 많은 벌레들은 떠날 곳이 많아 저렇게 슬픈 걸까? 어린 내가 꿀의 단맛을 맛보려고 잘 닿지 않는 빗장뼈에 간신히 혀를 댄다 뱀은 다리를 몸속에 가두는 데 일억 년이 걸렸다는데, 늙은 내가 부스럼을 긁어내며 가만 나를 바라본다 엄지손가락을 빨며 어린 내가 흰나비를 쫓아가고 근이 쑥 빠져야 꽃이 핀단다, 엄마가 내 어린 유두를 쓸어내리며 부스럼 약을 발라준다 오빠가 죽지 않았으면 나는 태어나지 않았겠지요? 어린 내가 묻고 늙은 내가 물끄러미 죽은 나를 바라본다 내 몸속의 날갯짓들을 살려내려고 햇살이, 봄 햇살이 자꾸 내 가슴을 간질러, 오빠가 죽은 해 아버지가 심었다는 늙은 복숭아나무가 자꾸 진물을 흘린다 봄 뱀이 둥치 아래 허물을 벗어놓고 사라지고 아픈 가지 끝에서 호랑거미가 거미줄을 뽑고 여전히 나는 발과 다리가 시리지만, 햇살

알레르기를 앓는 붉은 반점 몇 낱이 내 가슴에 열꽃을 피웠다 엄마가 다시 태어나려는지 꽃 진 자리가 환장하게 가렵고, 늙은 복숭아나무의 시름, 그 다디단 진물 옆을 벌들이 난다

잠자리, 천수관음에게 손을 주다 우는

비 그친 후 세상은 쓰러진 것들의 냄새 가득해요

간밤 바람 소리 속으며 내 날개를 빗기던 이 누구?
큰 파도 닥칠까 봐 뜬눈으로 내 옆을 지킨 언덕 있었
죠 날이 밝자 언덕은 우렁 각시처럼 사라졌죠, 아니
죠, 쓰러졌죠

쓰러진 것들의 냄새 가득해요 비 그친 후 세상은
하루의 반성은 덧없고 속죄의 포즈 세련되지만
찰기가 사라졌어요 그러니 안녕, 나는 반성하지 않
고 갈 거예요 뾰족한 것들 위에서 악착같이 손 내밀
래요 접붙이듯 날개를 납작 내려놓을래요

수 세기의 겨울이 쌓여 이룬 가을 봄 여름이에요
비 그친 후 쓰러진 것들의 냄새 가득한

사랑이여 쓰러진 것들이 쓰러진 것들을 위해 울어요

이 빛으로 감옥을 짤래요 쓰러진 당신 위에 은빛 감옥을 덮을래요

　나는 울어줄 손이 없으니
　당신의 감옥으로 이감 가듯 온몸의 감옥을 접붙일래요

여러 겹의 허기 속에 죽은 달이 나를 깨워

혼례의 밤이 왔지 나는 배가 고팠네 서둘러 고개를 넘는데 접시만 한 불덩이가 앞을 가로막았지 배 밑에 품은 야윈 새끼도 보여주었네 팔 한 짝 주면, 다리 한 짝 주면…… 다람쥐만 한 주먹, 토끼만 한 종아리를 다 베어주었지만 다람쥐보다 무거운 내 팔뚝이 다람쥐보다 가벼웠네 토끼보다 무거운 내 허벅지가 토끼보다 가벼웠네 콩새도 오소리도 내 몸 전체로 바꿔야만 근수가 같아지는, 두려운 만월이었네 오도 가도 못하는 고갯길, 육탈한 해골들이 바람을 끓여 빚은 혼례의 술이 넘쳤지만 다리 한 짝 팔 한 짝 엉덩이 한 짝, 베어주면 줄수록 나는 배가 고팠네 초례청에서 기다리던 오래전 죽은 달들이 내 허기를 달래러 와주었지만, 이글거리는 불덩이, 굶주린 호랑이의 둥그렇게 벌린 입속으로 무릎걸음으로 기어들면서야 알았네 초승이거나 그믐이거나, 구름 속이거나 밖이거나, 살거나 죽었거나 내 몸속으로 들어와 나를 살린 것들 다 이렇게 두려웠겠구나 만월이었고 혼례의 밤이었네 온몸을 가득 채운 여러 겹의 허기가 참을 수 없이

슬퍼져 그대 몸속으로 통째 걸어 들어갔네 온몸을 통째 으깨어 먹였네

* 붓다의 전생 이야기들 중, 굶어 죽어가는 호랑이 입속에 스스로 몸을 던진 일화에서 모티프를 취했다.

아욱국

아욱을 치대어 빨다가 문득 내가 묻는다
몸속에 이토록 챙챙한 거품의 씨앗을 가진
시푸른 아욱의 육즙 때문에

―엄마, 오르가슴 느껴본 적 있어?
―오, 가슴이 뭐냐?
아욱을 빨다가 내 가슴이 활짝 벌어진다
언제부터 아욱을 씨 뿌려 길러 먹기 시작했는지 알 수 없지만
―으응, 그거! 그, 오, 가슴!
자글자글한 늙은 여자 아욱꽃빛 스민 연분홍으로 웃으시고

나는 아욱을 빠네
시푸르게 넓적한 풀밭 같은 풀잎을
생으로나 그저 데쳐 먹는 게 아니라
이남박에 퍽퍽 치대어 빨아
국 끓여 먹을 줄 안 최초의 손을 생각하네

그 손이 짚어준 저녁의 이마에
가난과 슬픔의 신열이 있었다면
그보다 더 멀리 간 뻘밭까지를 들쳐 업고
저벅저벅 걸어가는 푸르른 관능의 힘,
사랑이 아니라면 오늘이 어떻게 목숨의 벽을 넘겠나
치대지는 아욱 풀잎 온몸으로 푸른 거품
끓이는 걸 바라보네

치댈수록 깊어지는
이글거리는 풀잎의 뼈
오르가슴의 힘으로 한 상 그득한 풀밭을 차리고
슬픔이 커서 등이 넓어진 내 연인과
어린것들 불러 모아 살진 살점 떠먹이는
아욱국 끓는 저녁이네 오, 가슴 환한.

화염 도시
——고로쇠나무에게 바침

불구경 간다 불구경 가
불속에 이지러지며 날아오르는 그림자 본다
누구라도 지옥 한두 개쯤 무릎 아래 가져보지 않았겠는가
누구라도 한번쯤
불구덩이 속으로 몸 던지고픈 순간이
도둑처럼 찾아들곤 하지 않았겠는가
아름다운 너에게도 있지 않았겠는가

때가 되면 나무들은 몸을 기대고
서로의 몸을 비벼 불타기 시작할 것이니
몸 전체로 불구덩이였던 나무들은 안다 전설이란
오래 울어 충혈된 꽃눈의 폭풍
피 묻은 동공의 실어증 같은 것
불타는 나무들의 도시로부터
그을린 뜨거운 혀들이 내 귓속으로 흘러들어

보라, 자신의 문명을 불태우기 시작한 숲들

가장 나중의 임종은 밖에서 오는 것이 아니니
문명은 비워진다 보라, 사람아
모든 문명이 惡이어서라기보다
극점에 도달하면 비워야 하는 것이
지구의 종교이기 때문이다
수억만 년 수수수억만 년 전부터

불구경 간다 불구경 가
아주 오래도록 제 몸의 피를 짜내어
사람을 먹이던 어미 아비의 검은 유골 삭정이 본다

어떤 포틀래치

 겨울 사막을 막 건너온 길이었다. 홑겹 단화 밖으로 맨발목이 발갛게 드러난 여자가 딸애의 누더기 바지를 벗기고 철화덕 옆에서 오줌을 누이고 있었다. 여자도 딸애도 얼어 터진 볼이 달빛처럼 붉어서 내 손이 여자를 향해 사막 식물처럼 뻗어갔다. 여자가 달빛을 털며 철화덕에서 꺼낸 군고구마 한 봉지를 넝쿨에 감아주었다. 3위안이라 했다. 딸애가 나를 쳐다보며 물 번진 성에꽃처럼 웃었다. 발갛게 언 엉덩이를 아직 내놓은 채였다. 나는 10위안을 여자에게 건넸다. 여자가 거스름을 찾는 동안 딸애의 물기가 내 넝쿨 시든 잎사귀 몇 장을 적셔주었다. 그걸로 충분했으므로 나는 거스름을 사양했지만, 여자가 내 넝쿨을 휘잡아 채며 검고 큰 눈망울로 나를 닦아세웠다. 부야오*!

 여자는 거스름을 주지 않았다. 봉지를 도로 거두어 고구마를 미어지게 더 담은 후 내 넝쿨에 다시 올려주었다. 여자가 무어라 빠르게 소리쳤고, 고개를 갸

웃하자 내 손을 잡고는 알아들을 수 있을 만큼의 말만 또박또박 넝쿨 위에 얹었다. 게이 니**, 리우***!

 난전으로 파며 감자를 팔러 다녔던 엄마도 누군가의 넝쿨에 선물을 매달아준 적이 있을 것 같다. 필요 없다! 대신 이건 선물이다! 적선을 받지도, 거스름을 돌려주지도 않은 여자는 군고구마 세 몫을 한번에 팔았을 뿐이었다. 함박눈처럼 여자가 판 것은 선물이 되었다. 여자 옆에서 어린 나도 누군가의 넝쿨을 적셔줄 수 있었을까. 너에게 줄게, 선물이야. 길 끝 여자의 달빛이 내 넝쿨로 번져와 말 배우는 아이처럼 입속이 환했다.

  * '필요 없다, 이러지 말라'는 뜻의 중국어.
 ** '너에게 준다'는 뜻의 중국어.
*** '선물'이라는 뜻의 중국어.

보름밤 종려나무 그림자에 실려

부두를 돌아 상여가 나가는 걸 지켜보는 계집애 둘
훌쩍이는, 달빛

가장 낮은 해변까지 내려온 상여를 맞으며
종려나무 그림자가 눕네

어떤 비밀을 알고 있으면 저토록
산산이 찢어진 잎사귀가 상여를 이끄는 손가락이 되나

밑을 다 벌린 채 그보다 더 밑까지 흘러들어온
잔물결, 훌쩍이는
아이들의 상한 그림자를 씻어주네

뜨거워 손에 쥘 수 없던
스물한 살 엄마의 심장을
갓 꺼낸 둥근 빵처럼 나란히 들고 돌아서는 계집애 둘

어리고 아름다운 것들 속엔 치욕이 많아
보름밤엔 손에 닿는 무엇이나 맥박이 잘 잡히네

* 가난한 항구의 섬 소녀들이 미혼모가 되는 일이 세상엔 드물지
  않았다.

제비꽃밥

오래 앓고 난 다음 할머니는 게장을 찾았고 할아버지는 단고기를 찾았다
식음을 폐하고 앓다 막 자리 털고 일어나려 할 때 닥쳐오는
첫 입맛의 신비, 나는 제비꽃밥을 생각하곤 했다

이 빠져 버려진 사기 종지로 소꿉을 놀던 어린 날
고슬고슬 흙 한 줌 담고 연필 깎는 칼로 종종 썰어 흙밥 위에 얹곤 했던
제비꽃, 개망초, 냉이꽃, 쑥부쟁이, 민들레, 마타리꽃……
온갖 들꽃들로 꽃밥을 지어
엄마가 된 어린 나는 이 빠진 종지를 밥상 위엔 듯 반반한 차돌 위에 올려놓고 윗옷 앞자락에 두 손을 닦으며 말하곤 했지
자, 어서 먹어. 먹고 얼른 나아야지.

소녀여, 겁먹은 눈이 사슴처럼 크단 너에게 간밤

제비꽃밥을 건네다가 총소리에 깼다

  야신*이 이스라엘의 미사일 폭격으로 살해당했다는 뉴스를 들은 밤이었고 깨진 문장들이 피 묻은 총탄처럼 내 손목을 훑고 지나갔다

  살해당했다! 순간, 소녀여, 네가 소꿉 종지에 총탄을 담는 것을 보았다 네 언니 오빠들이 가슴에 화약을 안고 검은 외투를 입는 것을,

  키를 낮추어 네 크단 눈을 들여다본 후 솜털 말간 귀 뒤에 흰 보라 제비꽃을 꽂아주고는 마지막 인사를 전하는 것을,

  너는 이렇게 살지 마. 이담에 네가 컸을 때는, 소꿉 종지에 총탄 같은 거 모으지 마.

  피 묻은 깨진 문장들이 손금 위를 흘러간다,

  자신의 몸에 폭탄을 감고 불을 긋는 것밖에는, 최소한의 자존을 지키기 위해 그렇게밖에는 할 수 있는 게 없다면, 자기 몸밖에는 아무것도 가진 것이 없다면!

돌아서는 이들의 창백한 이마에서 피 묻은 꽃잎이 져 내린다,

 분분한 꽃잎들, 내가 그들의 엄마였다면 눈물로 말렸겠지만
 내가 그 땅의 딸이었다면, 전쟁과 폭격 속에 난민의 유배지를 떠돌아야 한 그 땅의 아들이었다면 나 역시 폭탄을 몸에 감고 검은 외투를 입었을지 모른다,
 너에게 마지막 입맞춤을 해야만 했는지 모른다, 오 마주하고 싶지 않은 피 묻은 문장들,

 만지지 말고……, 총탄 같은 거……, 꽃밥을 지어……, 이담에……, 네가 컸을 땐……

* 팔레스타인 지도자.

꽃나무

꽃이 지고
누운 꽃은 말이 없고

딱 한 마리 멧새가
몸을 퉁겨가는 딱 그만한 천지

하늘 겹겹 분분하다
낮눈처럼 그렇게

꽃이 눕고
누운 꽃이

일생에 단 한 번
자기의 밑을 올려다본다

열네 살 舞子

1

무쇠 신 벗고 청동 방울 흔들어요 하늘 높이 달 가까이 삼 냄새 풍기는 젖은 머리칼 바람의 즙을 먹고 올올이 나부껴요 몸 깊이 우물 파고 물 긷는 소녀여, 붉은 강이 넘치네요 두레박을 버려요 오래전 죽은 달빛 젖꽃판 위를 맴돌며 흘러요 달이 흘린 희디흰 피 칼날 위에 가득한 밤, 물 젖은 삼베 찢고 넋배를 몰아가요 그대 몸속 나 어린 여자들의 혼령과 함께,

그러니까 이건 옛날 얘기, (아주 오래된 오늘 얘기란다),

춤추는 그 애는 용띠, 열 살 되던 해부터 마산에 살았지…… 처녀를 잡으러 다닌다는 소문이 돌아, 화장막에 숨어 스무날 보낼 때 처음 들었네 화장할

때 배 터지는 소리, 뼈 타는 소리…… 그 애 나이 열네 살……

……아버지가 부엌칼을 들었지만 총대가 먼저 아버지 이마를 찍었네 새빨간, 피, 접시꽃 물들이듯, 옷이나 입혀 가라 소리 지르던 어머니, 혼절하여 접시꽃, 울컥, 찢기고, 붉은 물 옮겨 묻은 양단 저고리, 깜장 치마 입고 끌려 나온 내 나이 열네 살……

부산, 시모노세키, 히로시마……, 헌병대가 우리를 군대에 인계하고 돌아간 후……

……분내 살강한 배우들이 위문 공연 와준 날 있었지 우산을 돌리며 노래를 불렀네 깨지지 않은 꿈처럼 봉긋한 우산 참 예뻐서 그날 밤 우산 돌리는 꿈을 꾸었네 살 타는 냄새 안개처럼 희부윰한, 화장막에서, 봉긋한 우산 돌리며 시체들의 가슴팍을 넘나드는 꿈……

부대에서 여자들에게 이름을 지어주었지 내 이름은 무자(舞子), 마이코라 불렀네 그때까지 춤을 춰본 적 없지만,

히로시마에선 하루 종일 밀감과 무화과를 땄다네 군인들이 총 끝으로 등을 쿡쿡 건드리면, 노오란 밀감빛 주렁주렁 숯증으로 매달려 울컥거렸지……

……배가 왔네 간호부로 간다고 했네 배 이름은 '미도마루,' 아주 큰 배 위에서 수염이 하얀 할아버지 장교에게 군가도 배웠지 파도를 타고 가듯 허리에 손을 얹고 파도를 흔들며 노래를 불렀다네

남양군도의 파라오, 불 맞은 짐승의 입속 같은, 파라오로, 그 애 나이 열네 살

2

보름달이 떴어요 보름 같은 알몸으로 광주리 밖으로 나와요 달 아래 달맞이꽃 피었어요 달맞이꽃 따서 광주리에 담으면 광주리 속이 팔만사천 지옥, 청동 방울 흔들며 물마루를 넘어요 소녀들의 혼령이 당신을 기다리네요 꽃의 목을 베어요 꽃 하나에 아비와 꽃 그림자 던져요 꽃 하나에 어미를, 사잣밥으로 주어요 꽃잎을 씹어 삼키면서 그 애들이 魂길을 볼 거예요

…… 우리가 끌려간 곳은 코롤병원 뒤의 위안소 …… 그러니까 이건 옛날 얘기, (아주 오래된 오늘 얘기란다),

방마다 이름과 번호가 붙어 있었네 파라오에서도

내 이름은 마이코, 춤추는 마이코, 옷이 발가벗겨져, 좁다란 방 안에 던져졌을 때, 춤추어라 마이코야, 죽음보다 깊은, 내 나이 열네 살······

······하나 둘 셋 넷 다섯 여섯······ 입에서 코에서 밑에서, 온몸의 구멍에서 피가 터져 나올 때까지······ 춤추어라 마이코야, 온몸이 마비되어 황천을 보았네 검은 하늘 까무룩 찢기며 황천 물 쏟아져······

강 건너면 魂길이야······ 조상님네 조상님네 돌아간 조상님네야 내 탯줄 잡아주오 황천에 몸을 대고 삶 쪽을 버팅겼네

3

돌 속의 혼령들 돌 위에 돋네요 돌에 묶인 달빛이 넋대를 흔드네요 산발한 소녀들 흰

무명 젖줄 타고 헤엄쳐 오면 쩽, 쩽, 쩽, 돌 깨는 소리, 西天을 건너 천지간 지옥을 외줄 타며 오네요 낭화를 흔들며 울며 절며 오네요

……나이 어린 애들은 장교들 차지였어 아버지! 아버지! 나이 많은 장교가 방문을 밀칠 때 아버지! 소리쳤네 그러면 더러 허리띠 되잠그고 돌아서는 이 있었지 그때마다 까무룩 칼잠 위를 걸었네 벼락 긋고 간 지붕처럼 잠에서 깨면 발바닥이 아팠네……

……네 엄마에게 가서 하라고 해! 오, 엄마, 미안해요, 참을 수 없이 지독한 걸 요구하는 군인에게 대들며 악 쓴 날엔 이가 부러지고 온몸이 멍들었네 멍든 자리마다 쇤 가시풀 독사처럼 똬리 틀어 몸속이 구만리 지옥이었네…… 지옥을 본 이들 중엔 젖가슴만 만지다 가는 군인도 있었지……

……어머니가 조선인인 야마모토란 소위가 있었어 조선말을 잘했고 아리랑을 잘 불렀지…… 야마모토가 가져다준 포크 날을 갈았네 끔찍하게 미웠던 장교 하나를 찌르고 함께 죽으려 했는데 잘 안 되었어 끌려가 등이 터지도록 맞았지…… 야마모토의 아리랑이 입속 붉은 새처럼 울어주었네……

……징용 끌려온 조선인 군인들이 아스피린 같은 걸 얻어주곤 했어 약을 먹으면 다리 아픈 줄 모르고 아래가 터지는 줄도 몰랐네…… 통통배에 태워져 여자 없는 섬의 부대에 배급 보내지기도 했네 한번 가면 열흘………………

……………………… 606호 주사, 애 못 낳는 주사, 아주 힘들다고 하면 잠 오는 약을 하나씩 주었네 내 나이 열네 살…… (그러니까 이건 옛날 얘기),

4

춤추고 火酒 한 봉우리 삼키는 소녀, 넋대 끝에 피고름 찬 넋받이 옷을 거네 입가에 흐르는 검붉은 꽃잎의 강, 눈부신 거웃의 기억이 없는, 가까스로 치욕을 견딘 살점들 흐르네, 넋 받아라 발가벗겨진, 넋, 넋, 넋 받아라

파라오에 간 지 일 년쯤 지나 전쟁이 났어, 전쟁 후엔 하루 이삼십 명, 주말엔 길게 줄 선 군인들이 옷 벗을 새도 없이 벨트 풀어 총대 옆에 놓고 바지 단추를 풀곤 했지……

……사타구니 양쪽이 터져 피고름이 흘렀네 군의관이 와 터진 것 닦아내고 가제를 붙여두었지……

정찰기, 전투기, 공습, 정찰기, 전투기, 공습……

달 안 뜨는 밤 섬으로 가다 공습 만나면 배 엔진 끄고 죽은 듯 기다렸네 빈 바다에 쏟아지던 불소낙비 총탄들, 아침이면 바다가 온통 시뻘겋게 거품을 물고 있었네……

……언니들 중 몇이 아래가 아파 몸 안 주고 덤비다가 동굴로 끌려갔네 아랫배에 총을 쏘고 젖가슴 베어…… 미에코와 요시코란 이름을 쓰던 언니들이 이때 죽었네……

……열아홉 살이 되자 폭격이 더욱 심해졌어 하룻밤 자고 나면 높은 계급의 일본 군인이 자결하곤 했어 우리에게 잘해주던 야마모토도 칼자루를 땅에 꽂고 엎어져 죽었어 우리에게 달려들었던 군인들도 아침저녁으로 죽었어 전쟁이 끝날 무렵이었네

5

칼금 무수한 맨발 위에 서늘한 달이 뜨네 삼베 가르며 오는 그대 물마루 위에 넘실거리네 잔등엔 오래전 날아와 덮인 진흙 강, 붉디붉은 물비늘 헤치고 만발한 풀꽃들 청동방울 울리네 넋배 끝 사뿐사뿐 발 디디는 소녀들, 달의 門이 열리네요 죄로 무거운 돌을 삼키고 돌 속에 갇힌 이들 우짖네요 배암이 흰 달을 삼키듯 천지간 지옥이 뜨거워지네요 겹겹의 하늘이 소녀들 다리 사이에서 흐느끼네 가릴 것 없는 알몸으로 그대가 엮은 광주리 활짝 열리네 그대의 열린 문, 냄새를 맡은 온 산의 수컷들이 죽은 아기를 배는 밤

파라오를 나왔네, 1946년, 그러니까 이건 옛날 애기,

집에 도착하니 정월 초하루, 어머니가 장독에 물 세 공기 떠놓고 울며 절하고 있었네 정월 초하루라 내 제사를 지내는 거였네

그러니까 이건 아주 오래된 오늘 얘기,

파라오에서 당한 일을 입 밖에 내본 적 없네 평생 누구와도 목욕을 같이 가지 않았네 나는 용띠, 1928년 히코네시에서 태어났지, 이름은 순애, 열 살이 되던 해엔 마산에 살았지……

* 파라오의 현재 지명은 팔라우이다.
** '일본군 위안부(성노예)' 피해자 강순애 할머니는 65세가 되시던 1993년 수요 집회에 참여해 한 많은 인생을 털어놓으셨다. 평생 묻어둔 가슴속 얘기를 털어놓고 나니 후련하다고 하셨다. 2005년 78세, 하늘로 돌아가셨다.
*** '한국정신대연구회'에서 엮은 자료집 『강제로 끌려간 조선인 군위안부들』 참조.

빙하 아래

1

바람벽 벼랑 위
홑겹 줄지어 늘어선 집들

허물어지겠구나 목을 쳐다오
허물어지겠구나 목을 쳐다오

내려앉고 있는 얼음 절벽
지붕을 얹고 있는 이들 있었습니다

얼음 속의 인골들
수수수수만년 전 처음 걸음을 배운,

내 목구멍이 언제부터
저기에 걸려 있었을까요

2

알고 있었어요 아주 오래전부터

당신을 안고 있었어요

당신을 안고 내가 죽어 있었어요

당신을 안고 죽은 나를 안고

당신이 죽어가던 그때처럼

몸 갚아드리기에 좋은 벼랑입니다

3

뜨거운 온천물에 사는 물고기 있다고 들었습니다

염도가 너무 높아 아무것도 살 수 없는
소금 호수에 사는 민물고기도 있다고 들었습니다
그러니 뱃가죽 밑에 짓푸른 이끼를 기르고 있는
얼음물고기인들 왜 없겠어요

칠월의 일곱번째 밤
— 곡비(哭婢)를 자청하다

그대 발 끄는 기척, 밖에서 안으로 우거집니다

그대 어깨 위 수레 무거우니 함께 밀겠어요, 그대가 말했지요

그대를 먼저 보내놓고도 한참인 여름빛 칠월의 일곱번째 밤 우련하니

오늘은 내가 곡비(哭婢)로 하늘머리 이고 서서 오작교를 내놓아라, 큰 곡을 부르나니

그대를 두 손으로 꼭 움키었다가 불에 덴 듯 손목을 베였습니다

손가락마다 꽃불 받쳐들고 내 손목 아래 누운 그대의 침묵을 경청합니다

내 하루가 천날같이 무거워 두 손에 움켜쥐고 있던

그대를 풀어드립니다

  스스로 있는 그대여, 떠나가셔도 좋습니다

  불두화 무심하니 서럽습니다 불두화 무심하니 참 좋습니다

주홍 글씨

 저 손은 언젠가 나를 애무한 적이 있다 저 손은 언젠가 내 목을 조른 적이 있다 저 손은 나에게 유리 구두를 신겨준 적이 있다 비좁게 짠 관짝처럼 복숭아뼈가 아팠다 발톱에 숨어 자라던 몇 장의 푸른 잎사귀마저 짓뭉개뜨린, 저 손은 언젠가 내게 마음을 떠먹여준 적이 있다 마음 위에 피 흘리는 잎사귀들이 떠다니고, 저 손은 언젠가 내 긴 머리채에 사람의 몸에서 짜낸 향유를 부은 적이 있다 단검을 날리듯 날렵하게 물방울들을 훑어낸 적이 있다 동거를 하자고 말하며 내 머리채를 꼭꼭 땋아 내려준 적이 있다 저 손은 어머니의 국그릇에 독을 탄 적이 있으며 내 뱃속의 아이를 긁쇠로 으깬 적이 있으며 내 젖가슴을 잘라내 목련나무 그늘 아래 던진 적이 있다 저 손은 언젠가 시녀 같은 내 몸에 불을 매단 적이 있다 저 손은 언젠가 돌팔매질을 하며 나를 화형대에 매단 적이 있고

 나는 자욱히 피어오르는 화염을 내려다보며 연꽃

을 먹는 사람들이 산다는 어느 평화로운 부족의 마을을 떠올린 적이 있다 벌꿀 향내 가득한 연 밭에서 연꽃을 따는 사람들. 연잎은 생각했을 것이다 자기의 몸을 나누어 먹은 이들이 자신을 꽃 피울 것이다, 라고

  지금은 21세기의 가을
  이천 살이나 먹은 처녀인 내 등 뒤에서 한시도 떠난 적 없는 저 거대한 손

바라본다, 꽃 피는

남루한 처마들 몸 기댄 철로변
소복한 중년 여자 바싹 야윈 골목 끝 모과나무 밑에서
담배를 피우고 있다 꽃 피는 오월이 소주병을 건넸지만,

담배 비벼 끄고 머리채 쓸어 고무줄 다시 묶은
여자가 휘적휘적 골목 안쪽으로 걸어간다
弔燈 푸른 대낮

바라본다, 온몸이 캄캄한데
바깥쪽 가지 하나에서만 몇 낱 잎이 돋은
아픈 모과나무가 여자의 흰 그림자를
훌쩍이며 바라본다
눈물 돌 듯 골고루 물이 핑 돌았으면—
딱딱해진 몸이 서글픈 모과나무 밑으로
늙은 흰 개 숨차게 걸어와

바라본다, 꽃 피는 시절 개처럼 죽고 싶다던
여자의 남자가 아픈 모과나무
한쪽 가지 위에 홑겹의 혼으로 앉아 있는 시간,
 지상의 골목을 향해 자기 이름을 마지막 *招魂*하는
시간을

퉁소

평범하기 그지없던 어느 일요일 낮잠에서 깨어난 내가
잠자는 동안 우주가 맑아졌어, 라고 중얼거렸다
알 수 없지만, 할머니가 좋은 곳으로 가신 것 같았다

그 시간에 무슨 일이 일어난 걸까

평범하기 그지없던 일요일
가난한 연인들이 되풀이하며 걸었을 골목길을 걸었고
쓰러져가는 담장의 뿌리를 환하게 적시며
용케도 피어난 파꽃들의 무덤을 보았고
변두리 야산 중턱 삐걱거리는 나무 의자에 앉아
상수리나무 우듬지를 오래도록 쳐다보았을 뿐
평생토록 한곳에서 저렇게 흔들려도 좋겠구나,
속삭이는 낮은 목소리 위에서
생채기를 만들지 않고도 나무 그늘이 진자처럼 흔들렸다

이름을 알지 못하는 노란 새가 퉁소 소리를 내며 울었고
　이 나무에서 저 나무로 무심한 장난처럼
　가끔씩 구름 조각을 옮겨다 거는 동안
　나는 가만히 조을다 까마득한 낮잠에 들었을 뿐
　너무 길지 않은, 너무 짧지도 않은
　그 시간에 어떤 손들이 내 이마를 쓸고 지나간 걸까

　십이 년 전 돌아가신 할머니가 왜 갑자기 생각났는지
　목젖 아래 깊은 항아리로부터
　우주, 라는 말이 왜 떠올라 왔는지 알 수 없지만
　한 나무에서 다른 나무로 노랫소리와 구름 조각을 옮기던
　새의 깃털 하나하나가 퉁소 구멍처럼 텅 비어
　맑게 울리는 게 보였다

사랑의 빗물 환하여 나 괜찮습니다

그대 만나러 가는 길에
풀여치 있어 풀여치와 놀았습니다
분홍빛 몽돌 어여뻐 몽돌과 놀았습니다
보랏빛 자디잔 꽃마리 어여뻐
사랑한다 말했습니다 그대 만나러 가는 길에
흰 사슴 마시고 숨결 흘려놓은 샘물 마셨습니다
샘물 달고 달아 낮별 뜨며 놀았습니다
새 뿔 올린 사향노루 너무 예뻐서
슬퍼진 내가 비파를 탔습니다 그대 만나러 가는 길에
잡아주고 싶은 새들의 가녀린 발목 종종거리며 뛰고
하늬바람 채집하는 나비 떼 외로워서
멍석을 펴고 함께 놀았습니다 껍질 벗는 자작나무
진물 환한 상처가 뜨거워서
가락을 함께 놀았습니다 회화나무 명자나무와 놀고
해당화 패랭이꽃 도라지 작약과 놀고
꽃아그배 아래 낮달과 놀았습니다
달과 꽃의 숨구멍에서 흘러나온 빛들 어여뻐

아주 잊듯 한참을 놀았습니다 그대 잃은 지 오래인
그대 만나러 가는 길
내가 만나 논 것들 모두 그대였습니다

내 고단함을 염려하는 그대 목소리 듣습니다
나, 괜찮습니다
그대여, 나 괜찮습니다

어미木의 자살 5

반쯤 죽은 호두나무가
파란 호두알을 매달았다

호두알 속에 옹송그린
쪼글쪼글한 아기들

검버섯 핀 몸속에
어머니는 호두나무를 키웠다

태양이 폐광 위를 지나고
물통 속의 바람이 호두나무를 만지고
어머니가 산통을 앓는다

여울목을 지나면서
쪼글쪼글해진 호두나무

어머니는 지금
어머니의 자궁 속에 들어 있다

제3부

그러니 애인아
―늙은 진이의 말품으로

바람에 출렁이는 밀밭 보면 알 수 있네
한 방향으로 불고 있다고 생각되는 바람이
실은 얼마나 여러 갈래 마음을 가지고 있는지

배가 떠날 때 어떤 이는 수평선을 바라보고
어떤 이는 뭍을 바라보지

그러니 애인아 울지 말아라
봄처럼 가을꽃도 첫 마음으로 피는 것이니
한 발짝 한 발짝 함부로 딛지나 말아주렴

거미

새벽잠 들려는데 이마가 간질거려
사박사박 소금밭 디디듯 익숙한 느낌
더듬어보니, 그다

무거운 나를 이고 살아주는
천장의 어디쯤에
보이지 않는 실끈의 뿌리를 심은 걸까

나의 어디쯤에 발 딛고 싶어하는지
알 수 없지만
그의 발은 魂처럼 가볍고
가벼움이 나를 흔들어
아득한 태풍이 시작되곤 하였다

내 이마를 건너가는 가여운 사랑아
오늘 밤 기꺼이 너에게 묶인다

성선설을 웃다

　자연석 남근을 아홉 개나 들여놓은 지리산 온천이었네 노천탕에 몸을 뉘고 아기자기 참 잘생긴 남근석들 바라보네 아홉 남근이 온천탕에 와 있으니 천왕봉 마고할미 심심해서 어쩌나 산수유 졌으니 산벚꽃 간질러 철쭉을 내라고 꼬시는 중일 텐데 꽃을 내는 일만큼 큰 하늘이 어디 있나 수고 중인 우리 마고 어머님께 저 남근 두어 개 꽃수레 태워 보냈으면 싶어지는 내 마음을 키득키득 웃으시는지 아홉 남근 열 수레에 실어 내보내도 아홉 남근이 다시 남으니 걱정 말라 하시는 듯 입술이 귀에 걸린 얄상스레 늘씬한 흰 구름을 보이셔서 암요 그럴게요 세상 젤로 착한 길이 꽃길이지요 햇살 속 뜨듯한 물속에서 온몸의 털들이 찰방찰방 저 좋은 데로 쏠리는 느낌 이윽이윽히 즐기는 한낮

水桶

잠에서 깨어 반쯤 꿈인 것처럼
수통을 들어 물을 마셨다

쿨럭쿨럭 물이 들어오는 내 몸
피 눈물 애액 오줌 고름이 차고 빠지는

수통 속의 물 부어진
내 몸이 수통인지
수통인 내 몸이
내가 들고 마신 수통인지

느닷없이 장주의 나비를 생각하는 여름 한밤

이 물 한 모금,
정말 어디서 온 것일까
문지방을 넘는 목울대가 긴 별들
몸속으로 까마득히 흘러드는 이 물소리는?

비바리, 잃어버린 구멍 속

지하도를 나오는데 눈이 내렸다 검은 눈발 속에서 쏟아져 나와 출구에 들러붙는 비바리 떼, 내 구멍이…… 어디로 간 걸까…… 이 도시는 하나의 구멍으로 규정된다 비바리, 너에게 갈 수가 없다

돌담 속 너의 꽃잠 만진 적 있지
어슷어슷 검은 돌 올려 쌓은 돌담엔
돌의 수만큼 다 다른 구멍이 있어
바람이 날마다 다른 페이지로 열렸네
점자로 읽고 읽히며 바람과 놀다 너의 잠을 엿보았지
다 다른 구멍 속의 살굿빛 처녀들
몸빛 스며든 구멍 속이 너무 환해서
세찬 바람에도 섬의 돌담 무너지지 않았네
구멍 속에서 돋아난 빛들 저마다 고와졌네

비바리, 명랑한 체위의 망명자여 너의 고향

은 머나먼 열대라 했다 다 다른 구멍을 향한
너의 열망이 다 다른 구멍을 가진 이 섬의
돌담에 닿게 했다던가 이슬처럼 물의 구멍
을 타고 왔다 했던가

내가 먼저 죽으면 너의 배꼽 속에 들어가 살게
네가 먼저 죽으면 너도 내 배꼽 속에 들어와 살렴
네가 잘 들어올 수 있게 배꼽을 열어둘게 보드라운
혀처럼
살굿빛 바람이 돋아나길 기다릴게

검은 눈송이를 맞는다 지하도를 나오면서
바싹 마른 미라의 입을 열며 내가 말한다 쪼
글쪼글한 검은 입술로 매캐한 바람을 빨아
먹으며

있잖니, 나, 배꼽을 잃은 지 오래되었어.

* 비바리뱀: 제주도에 서식하는 멸종 위기종의 뱀. '비바리'는 제주 방언으로 처녀라는 뜻.

그 나무가 삼킨 종 이야기

신문에서 그를 본 아침부터
보름이 지나도록 몸속이 아프네

마을 일 알릴 때 종 대신 확성기 쓰게 되어
그의 몸에 철사 줄로 종을 매단 적 있다는 것을 다만 잊었을 뿐

잊고 지난 세월 동안 홀로 된 종이 쓸쓸해서
나무가 쇠종을 품어준 것인지
철사 줄 묶여 어금니 깨물며 오래 아팠던 나무가
팔짱 끼듯 자기의 겨드랑 살 같은 곳을 잠가버린 것인지
겨드랑에 종을 품고 나무가 종 대신 몸을 울어준 것인지
실은 아무도 모르지만

담장을 삼킨 나무도 세상엔 더러 있으니
세 아름도 넘는 나무뿌리가 담장에 바틋하게 갇혔

다가
    담장을 쪼개며 흘러나오는 풍경 본 적 있네 북동쪽 악산 아래였네
    우듬지 선명한 칼금 사이 휘몰아치는 눈보라
    담장 아래 흰죽을 바치고 뿌리에 이마를 대어보았으나 눈은 그치지 않았네

    그러니 종을 품은 삼십 년은 얼마나 가쁜한가 삼십 년 동안
    홀로된 마음을 잠그는 일은
    가쁜해서 무서운가 무서워서 금강 같은 뿌리인가 아무도 모르지 실은,

    고래부터 성황나무에 금줄을 감아온 것은
    억울한 소망이 있어서일 것이네

어미木의 자살 3

 전봇대는 자라지 않는다 꽃 피우지 않는다 알을 낳고 어린 새끼를 기르지 않는다 자라지 않는 전봇대를 위해 자라나는 가로수를 해마다 절단한다 전깃줄 아래 웅크려 가로수는 해마다 스스로 가지를 친다 삐뚤고 굽은 무늬로 나무들 낮하로 기어간다 허리 아래 어디쯤 툭,툭, 독하게 어린 새끼들을 내지르면서

 가로 정비원들이 조경톱 자국을 만들어놓고 간 자리 플라타너스는 無血, 몸속에 무혈 혁명을 차곡차곡 쟁여 쌓는다 圓柱 밖으로 어린 새끼들을 내지르던 독한 슬픔이 흰 무명 끈을 들고 뚜벅뚜벅 걸어갔다 제 아기들을 먼저 죽여 가지 끝에 새까맣게 매달아놓고 전깃줄 아래 이 앙다문 나이테를 갈던 밤

 바람이 분다 주렁주렁 매달려 말라가는 죽은 아기들, 이빨 부딪는 소리를 내며 흔들린다 한 이파리 치욕도 잎 틔우지 않은 정결한 주검을 뿌리 뽑으러 내일이면 덤프트럭이 달려올 것이다

生理

달걀을 깨는데 달걀 속에서
피 묻은 노른자와 흰자위가 쏟아졌다

노른자와 흰자위의 경계에 붉은 혈관들이
가느다란 실금을 이루며 멍울 져 있었다

심장을 이루려 뒤채던 것이거나
고독한 붉은 벼슬이나 날개를 향해 가던 것들

장마 끝의 돌연한 폭염처럼
냉장고 속에서 핏덩이들이 쏟아졌다

얼음 우물 고아원

 가락지 같은 얼음이 우물을 감싸고 자라는 마을이었다 두껍게 딱지 앉은 늙은 겨울, 처마에 매달린 고드름들은 무릎마다 잔병이 들어 있었다

 소녀는 해소천식이란 말이 좋았다 가슴속 얼음 뿌리가 쑥 뽑힐 듯 맹렬한 기침을 하고 싶었다 해소천식을 앓는 원장 아버지는 힘들어 보였지만 소녀는 저녁마다 기침 소리를 한 소쿠리씩 모아 환하고 둥근 환약을 빚곤 했다
 한 번의 보름밤이 지날 때마다 얼음 짐승들 은빛 털이 한 움큼씩 빠지고 금개구리가 세상의 아기들을 업고 달로 헤엄쳐 가는 거리가 짧아진다고 믿었다
 머리 검은 짐승은 거두어도 소용없다. 원장 어머니가 판자울 뒤에서 누군가에게 속삭일 때 소녀는 해소천식이 어서 내게도 와 기침처럼 가벼워지길 간절히 바랐다 금개구리야 너는 검은 머리털을 가지지 않았으니 달에 가도 좋겠구나……
 해가 갈수록 얼음 우물이 두꺼워지던 어느 날 얼음

빨래를 하러 나간 소녀에게 누군가 말을 걸었다 얼음을 깨고 길어 올린 두레박 속에 흥건히 젖어 있는 검은 머리 타래, 소녀는 빨래 더미 위에 엉덩이를 까내리고 입속이 붉어질 때까지 울면서 오줌을 누었다

  아홉 살 소녀는 다시는 우물가로 돌아가지 않을 생각이었다

  그 후로도 사십 년, 소녀는 얼음 우물 속에서 살았다 보름밤이면 우물 속 가득해진 기침 소리가 둥근 환약처럼 부풀며 끓어올랐다 얼음 가락지는 점점 더 굵고 튼튼해졌다

메나리토리*-몸-뚱아리

새로 여무는 봄 햇살에 장항아리 활짝
열어놓고 살맛 듬뿍 들이다가
혹시는 이 몸뚱아리 저 항아리에서 왔나

나 죽으면 머리맡에 내 해골을 담아
달처럼 앉혀두겠다는 달항아리처럼
몸항아리에서 왔나

칠순 어머니 굽은 등으로 여닫는 장항아리들처럼
어디에서 왔나 이 몸들이
절뚝절뚝 걸어서 하늘항아리까지

오장육부(五臟六腑)-몸-뚱아리
오대양 육대주(五大洋 六大洲)-몸-뚱아리

달항아리 별항아리 우주항아리처럼
허공을 몸속에 이토록 우글우글
뚱뚱해지도록 채우고 선, 누구냐 나는?

* 강원도, 경상도, 함경도 민요나 무가에 쓰이는 독특한 5음계 선율. 느리게 부르면 매우 슬프게 들린다.

유성 폭우 오시는 날

 천 년 전쯤 만나 천만 번쯤 사랑한 내 연인, 죽은 그녀가 세수를 한다 오래전 새벽빛 속에서 이슬방울 털어 두 눈을 씻은 그 개숫물을 내가 들이켠다 그녀가 뒤울 가득한 흰 싸리꽃 무덤 속에 들어가 누울 때 내 잠 위로 돋아나던 먼 별들의 씨앗, 뒤란의 우물 속에서 이름을 여읜 별자리들이 흘러넘치고 떨어지는 유성 꼬리마다 촘촘히 피어나던 싸리꽃들, 아리따운 내 연인은 유성 폭우 오시는 날 하늘의 무덤을 대야 가득 담아놓고 세수를 하곤 하였다

 천 년 전쯤 만나 천만 번쯤 사랑한 내 연인, 추운 그녀를 위해 한밤중 물을 끓인다 밤하늘엔 무덤이 너무도 많아 사방이 켜켜이 밝아지고 주전자 안쪽에서 달그락거리며 끓는 내 연인, 혼령이 오시는구나, 어느 먼 별의 후미진 뒤란을 쓰다듬고 온 바람이 슬픈 방언을 하염없이 중얼거린다 하늘 무덤을 만들며 유성 폭우 오시는 날 천 년도 더 전부터 무덤은 사랑을 배운다 안과 밖 모두 비추는 명경 하나 하늘에 걸어

놓고 죽은 자들의 거웃이 내 속으로 들어온다

  천 년 전쯤 만나 천만 번쯤 사랑한 내 연인의 아랫도리에 얼굴을 묻고 싶은 날 세상은 싸리꽃 하나에 기대어 힘겹게 흔들리고 어디 먼 아픈 별과 지독한 사랑을 나누고 온 그녀가 무거운 물주전자를 기울인다 혼령이 오셨구나, 머리가 시원하다 힘겹게 올라오는 교성을 은하 저편에 걸어두고 내 연인은 천천히 죽어가신다

무서운 들녘

깊고 캄캄한 잠 속에서
다 잊을 수도 있었을 텐데
깨어나지 않을 수도 있었을 텐데

온몸 일으켜
서는 새싹들
낱낱 푸른 벼랑들

봄마다 나는 두려워 서성인다
지상에 산 것들 있게 하는 배냇힘,
초록의 독기 앞에

아프지 마, 목숨이 이미 아픈 거니까
아파도 환한 벼랑이 목숨이니까

새싹의 말씀 들으며 네 발 달린 짐승인 내가
처음 온 아기처럼 엎드려 독을 빤다

분화구

 '금강미인클럽' 앞에서 두 남자와 한 여자가 몸싸움을 하고 있다 자정 무렵이었다 한 남자가 한 남자의 머리칼을 끌어 쥐고, 질질 끌려가던 한 남자가 한 남자의 가슴팍을 발로 걷어찼다 니가 나한테 해준 게 뭐 있냐고, 한 남자가 한 남자를 향해 바락바락 소리를 지르고 한 남자가 포장마차 바퀴를 괴고 있던 벽돌을 뽑아 들었다 안·돼·여·보·영·호·야·도·망·가·제·발·여·보, 한 남자가 벽돌을 머리 위까지 올린 채 멎어 있고 한 여자가 두 손으로 입을 틀어막으며 멎어 있고 한 남자가 벽돌을 쳐다보며 멎어 있다

 멎어 있다, 지구를 떠메고 있는 달
 분화구가 깊이 패어 있다

이를 갈다

내 옆에 잠들어 이를 가는 그대를 발견하기 전에
그대 옆에 누워 이를 갈며 잠든 나를 먼저 들켰는지도 모른다

오래된 집의 어딘가 삐이--ㄱㄱㄱㄱ----
이 가는 소리를 듣는 밤처럼
악몽이 악몽 속에서 이 가는 소리를
백주의 거리에서 듣는 날이 많아진다

뒷사람은 누구인가 가로수 속에서 소리를 펌프질하는
새들의 음성 받아안는 손들만으로 족한 하루가 우리에게도 있었던가

이 가는 에어컨 이 가는 냉장고 이 가는 현금 인출기 이 가는 통장 정리기 영문 모르게 그르르르 이 가는 퍼스널 컴퓨터 오, 거리에 차고 넘치는 이 가는 것들의 뼛골이 아파라……

너의 어떤 손에게 이를 갈아본 적 없는 깨끗한 나의 난자를 주리?

석양에 들다

  국도를 따라 걷고 있었다 길이 내 몸을 지나갔다 유월에 보았던 나무들은 베어지고 없었다 어린 풀잎들이 내 어깨를 뒤척이는 소리, 너무도 일찍 인사도 없이 석양은 수천의 날벌레들과 함께 묻힌다 허공에 남긴 공중 무덤에 무어라 애도의 말을 해야 하는데, 내 실어증 속에서 바람이 흔들리고 쓸쓸해진 뒤에야 어린 꽃 하나 겨우 향기를 놓아준다 이 별은 지금 칠월, 붉은 절개지가 두근거리며 핏물을 쏟았다 이상하지 않니, 내 심장이 왜 저기 놓여 있을까? 석양을 향해 속죄하려 하면 길은 끊긴다 끊긴 길의 이편에서 저편으로 붉은 뱀의 허물이 가로놓여 있었다 소멸의 열망은 너무 일러도 언제나 너무 늦고 사월에 아름다웠던 꽃들은 오월이면 차가워졌다 빈 들판이 절개지에 혀를 대어주는 시간, 국도를 걷고 있었다 아니다 길이 내 위를 걷고 있었다 칠월과 만난 것도 여기 칠월과 작별한 것도 여기, 저물녘 잠깐 아름다웠던 뱀의 허물 속에서 바람이 맑은 피처럼 흘러나와 딱딱하게 굳어갔다

세한

 비로자나* 비로자나 깊고 찬 밤이 오더라도 진땀 흘리다 갈 얼룩진 발밑 세상으로 눈보라 스미어 붉은 잇속 금 간다 해도

 놓지 못한 마음이 보이긴 하겠네 눈 밝으니 나를 나무라겠네

 비로자나 비로자나 그때에도 자취 없는 나는 처음의 사랑을 종자처럼 데리고 이슬에 밟힌 누란을 기웃거릴 딸

 고통 없는 사랑이 어디 있으리 해진 배내옷처럼 두려움 많은 사랑이 화엄 세한을 지나오니

 받으소서 받으소서 세한 한 겹 두 겹 속으로, 받으소서 받으소서 두려움 없이

---

* 해인사 쌍둥이 비로자나불. 신라 적 진성여왕과 대각간 위홍의 사랑의 인연이 전해오는 현존 最古의 목조 비로자나불 두 분이다.

에밀레종 소리 듣다, 일식을 보다
―어머니가 태어나기 전 네 본디 얼굴은 어떠했느냐

그대를 보내고 그대로 인해 내가 아프고
아픈 나를 염려해 먼저 간 그대가 아파서
에밀레― 연지(蓮池) 밖 천리가 아프고
하여 내가 아프고

나는 내가 없는 곳에서 비롯되었으니
그대의 감아쥔 청동 손바닥에 매달린 나여
내 차가운 손바닥에 매달린 그대여

나 아닌 것들이 나를 빚어
그대 아닌 것들로 빚어진 그대를 사랑하오니

  들으소서 들으소서, 강 건너 시름 많은 사랑이 피고 지는 동안
  이별을 안 꽃들이 무덤에 들고 별의 뿌리가 황도(黃道)를 닫는 동안

  에밀레― 나 아닌 나의 삭신들, 무릎이 해진 어미 아비여

제4부

눈 속에

큰 나무 가지들 눈을 얹고 저마다 어디론가 휘어져 있을 때
휘어지다 더러 부러지기도 할 때
어린 나무들
흰 병아리처럼 보송보송해진 발가락으로
오종종 눈밭을 콩콩 뛰어다니는 듯

예뻐라, 어떤 방향으로든
제 몸의 가지가 길이 되지 않은 몸들은
길이 없어 눈물이 깨끗한 햇몸들은

오브-라-디 오브-라-다

얼음 냄새를 따라 이곳에 왔죠
눈 오는 밤 개처럼 죽고 싶어한 사내들이 사는 마을
그 마음들 슬퍼 예수는 광야로 갔을 거예요 오브-라-디 오브-라-다*
오늘 큰 눈 오시어 나무들의 생식기가 투명한 얼음 속이네요
이 별의 생식기가 사막 장미 열매처럼 뜨거워질 때
투명하게 일렁이는 큰 밤이 올 거예요
스무 살에 내가 사랑했던 로자는 쇄빙 도끼를 피해 다녔죠
열 살에 나는 뒤란에서 혀를 깨문 엄마의 입속에
노란 수건을 틀어막으며 소리 질렀죠
죽지- 마- 죽지- 마- 미쳤어?
오브-라-디 오브-라-다, 살아서 복수해요
인생은 아직 진행 중이에요
사극 속의 영웅들은 저마다 편을 갈라 전쟁을 하면서
어머니의 복수! 어머니의!라고 외쳐대죠

어머니의 이름으로 더러운 피도 맑은 강이 된다고 설교하죠
어머니들은 더 이상 흘릴 피가 없어 관을 풀어 가시 풀 요람을 짜고
붓다는 슬픔을 피해 보리수 아래 숨었나 봐요
붓다를 보리수 밑으로 기꺼이 피신 보내고 홀로 밀밭을 베는
야수다라**의 슬픔 쪽이 한결 깎아지른 탁발이어서
오브-라-디 오브-라-다, 춤춰요 야수다라
깊이를 알 길 없이 눈 속을 가는 바람처럼
이렇게 한 몸이 오브-라-디 오브-라-다
열 살의 얼음 냄새에 배를 붙인 채
이토록 희게 눈이 내려 내 살이 유정해요
큰 눈 속으로 들어가니 큰 숲이 있곤 했어요
은빛 살의 켜들이 지나간 오브-라-디 오브-라-다
눈 속에서 물소리, 물소리가 흘러요

* 비틀스의 곡. 나이지리아에서 통하는 말. 영어로는 Life goes on. 인생은 아직 진행 중이에요.
** 석가모니 출가 전의 아내.

사골국 끓이는 저녁

너를 보고 있는데
너는 나를 향해 눈을 끔뻑이고
그러나 나를 보고 있지는 않다

나를 보고 있는 중에도 나만 보지 않고
내 옆과 뒤를 통째로 보면서 (오, 질긴 냄새의 눈동자!)
아무것도 안 보는 척 멀뚱한 소눈

찬바람 일어 사골국 소뼈를 고다가
자기의 뼈로 달인 은하 물에서
소가 처음으로 정면의 나를 보았다

한 그릇⋯⋯ 한 그릇⋯⋯
사골국 은하에 밥 말아 네 눈동자 후루룩 삼키고
내 몸속에 들앉아 속속들이 나를 바라볼
너에게 기꺼이 나를 들키겠다

내가 사랑하는 너의, 몸속의 소

얼룩 서사(敍事)

우주의 어머니에게 두 아들 있어
어머니 무릎에 앉혀 키웠다는구나
이제 둘 다 무릎에 앉힐 수는 없으니 우주를 한 바퀴씩 돌고 오너라 먼저 오는 쪽을 무릎에 앉힐 것이니.
아우가 살처럼 잔별들 사이로 달려갔고
형이 일어나 어머니 주위를 세 바퀴 돈 후 절하고 그 무릎에 앉았다
우주를 도느라 지칠 대로 지쳐 돌아온 아우가 소리쳤지
어머니여 어찌하여 형을 무릎에 용납하셨나이까.
아들아 중요한 것은 우주를 도는 것이 아니라 우주의 중심을 도는 것이란다.

지긋지긋해 아주 이따금밖에 읽지 않는 신문을 보다가 이 중국 설화가 문득문득 떠오르곤 하는 것인데

지혜로운 한 아들을
그에게 허락된 저 단단한 무릎을

찌르고 싶은,
난도질하고 싶은,
겹겹의 오만한 중심을
불어 날리고픈,
눌어붙은 구들장 아래 욱신거리는 얼룩들을

내 쉰두번째 결혼식의 패랭이꽃

언니랑 결혼할 거야.

여섯 살 지혜는 강보에 싸여 절집 당간지주 밑에 있었다

햇것이 처음 본 당간지주가 아팠는지

재재재 떠들 나이 되어서도 한쪽 눈을 심하게 깜빡거렸다

응 결혼하자 우리.

혼이 맺어지는 저물녘엔 여린 것들 우는 소리가 또렷해진다

저 죽으면 패랭이꽃 될 거라 믿은

아픈 지혜는 패랭이꽃이 이쁜 톱날 같아서 무섭다

했다

 절집 당간지주 밑에 한 해 걸러 한 번씩 패랭이꽃
핀다

 지혜가 당간지주 밑에 오기 전부터 그랬다

내 손이 네 목 위에서

 신앙촌 고갯마루 버드나무는 자꾸 북쪽으로 휘어지고 아기 하나 등짐 지고 두 손에 보퉁이를 든 아직 젊은 엄마의 치맛자락을 붙들고 사금파리에 다친 어린 짐승처럼 기를 쓰며 우는 아이야 겁이 난다 나는, 내가 너를 죽일까 봐

 인형 뽑기 유리 상자에 둥그렇게 매달려 엄마 아빠와 깔깔거리는 또래 아이들 뒤에서 아득하게 뒷걸음질 치며 아득하게 다가가며 기우뚱 기우뚱 흔들리는 네 얼굴을 보면 겁이 난다 아이야 내가 너를 죽일까 봐 죽여줘야 할까 봐

 시끌벅적하게 오늘이 밝고 내 아이만은 최고로 키우겠다는 자신만만한 엄마 아빠들이 텔레비전을 도배하는 이십일 세기가 와도 너희들은 어디선가 자꾸만 태어난다 공중화장실 변기 속에서 모가지째 떨어진 붉은 동백 속에서 금 간 벽돌 속에서 철거촌 아지랑이 속에서 농약 병 속에서 성채 그릇 속에서 마지

막 투레질을 하는 황소의 뿔 속에서

 형, 누나들. 아버지는 병에 걸려 몸져 눕고 엄마도 삼 년 전에 집을 나가…… 손때 꼬질꼬질한 전단 뭉치와 초콜릿과 껌이 든 가방을 가슴께에 바투 메고 마지막 순환 전철 출입문에 기대어 잠든 아이야 갈라 터진 네 입술이 만드는 아득한 점묘화 속에서 흉터들이 더 어린 흉터들을 새끼 치기 전에 아이야 내가 너를 죽일까 봐 난간 위의 내 손이 네 목을 조를까 봐 겁이 난다 나는,

문지르다
— 聖가족

구유를 얻기 위해 안식을 얻기 위해 혹은 문을 열기 위해

수정 구슬을 문지르고 엘리베이터를 문지르고 램프를 문지르고 거울을 문지르고

심장에 박힌 누군가의 별을 오래 문지르고

그곳으로 갔지 거울 속, 聖스러운 사랑만이 지상명령인 언덕을 이고 끌고

거울 밖에서 무언가 볼 수 있기 위해

거울 안쪽에서 누천년 거울을 닦고 있는 (마리아), (마리아), (마리아)

카르마, 동물의 왕국

어린 새끼를 입에 물고 옮기는 호랑이를 보았다

천천히 클로즈업으로 잡은 호랑이 입속의 호랑이를

보다가 밥 먹던 숟가락을 놓치고 말았다

먹잇감을 물었을 때나 새끼를 물었을 때나

이빨!

잡아먹거나 사랑하거나 드러내거나 숨기거나

그곳엔 이빨!

입에 물고 옮기는 호랑이나 입속의 호랑이나

어떤 서늘한 갈등이

등골을 버티고 있으리라는 예감이 지나갔다

당신의 옹이

 목이 긴 사시나무 삭정이 하나가 몸 밖으로 뛰어내렸다 어린 나는 맨발에 팬티가 젖는 줄도 모르고 돼지풀 독한 꽃가루처럼 여름빛과 놀고 있었다 엄마의 털뿌리 근처 땀샘에 매달려 내가 겨우겨우 이곳까지 올 동안 엄마의 호미질에 명아주가, 질경이가, 여뀌가, 배추 포기 바깥으로 뽑혀져 밭두둑에 버려졌다 나누기엔 너무 웃자란 슬픔들이 챙강거리는 햇빛 속에서 허리를 꺾곤 했다

 삭정이 하나 주워 들고 당신의 옹이를 오래 들여다본다 당신의 중심에서 우는 배꼽, 오래 불린 쌀톨처럼 푸석해진 눈물이 켜켜이 달라붙어 있는 배꼽 속으로 걸어 들어가면 폭포 끝에서 망연하게 흔들리는 엄마, 왜 그렇게 높은 곳에서 엄마는 뛰어내려야 했을까 그때 엄마의 뱃속에는 푸른 싹 하나가 자라고 있었다고 한다

 노란 배추 고갱이를 골라 된장에 찍어 먹으면 옛

밭두둑에서 흙장난 하는 내가 보인다 명아주며 질경이며 여뀌 이러저러한 뜻 모를 풀 이름에서 흐릿하게 풍겨오는 엄마의 젖 냄새…… 잡초 뿌리가 뽑혀져 밭둑에 던져지는 동안 배추 속이 왜 그렇게 노랗게 질려갔는지, 삭정이가 떨어져 내린 자리에 나무는 왜 다른 가지를 키울 수 없는지, 다그쳐 묻지 않아도 알아지는 저물녘이 오고

 나는 이제 엄마에게 오래오래 살라고 말하지 않는다 다만 이렇게, 마른 삭정이 하나 우연히 주워 들게 되는 저문 날, 깊고 환한 동굴 속의 상사뱀 따위나 생각하는 것이다 홀로 오래 사랑하다 죽으면 사랑하던 이의 배꼽 속에 들어가 산다는 상사뱀처럼, 나무 옹이 속의 향그러운 뱀들과 엄마 배꼽 속의 초록빛 뱀이 아름다운 무늬로 엉기는 것을 고즈넉이 바라보는 것이다 내가 들어가 살기에 당신의 배꼽이 너무 비좁지나 않을까, 즐거운 걱정이나 하면서.

폭포탕 속의 구름들

24시간 찜질방 사우나
폭포탕에서
구름여자들 폭포 줄기를 맞고 있네
어깨 등 허리에 물줄기 맞는 동안
새근새근 일렁인 건 구름들의 뱃살

여자들의 뱃살 한 번씩 흔들리자
잘 익은 노을 자르르 주름 일며 수평선 자욱한데,

나는 여자들의 뱃살이 좋아 내 기원에 밀접한
가장 안쪽 꽃밭의 흙 농밀한 살집, 살 집으로
푸르고 추운 구름이 흘러왔네 서리 맞은 청무밭
푸릇푸릇 온몸에 멍 자국 깊은
여자의 부르튼 뱃살 저편

첫번째 구름의 손가락이 뭉게뭉게 번져왔네
 폭포를 맞았더니 멍이 들었나 봐 지금 막 들었나
봐 지금 막……

푸른 구름여자 팔뚝을 문지르며 묻지 않은 혼잣말 하네
고개 끄덕거려주며 다섯번째 구름이 젖은 뺨을 보였네
아홉번째 구름이 푸른 구름여자에게 찐 달걀을 내미네
늙은 구름이 지금 막 배꼽을 열어 낳은 듯한,
따스한 보얀 달걀
터진 입가 한껏 벌려 열두번째 구름이 달걀을 삼키네

입속 가득 미어지게 흰 달덩이 밀어넣듯
막 비친 젖은 것을 몸속에 다시 밀어넣듯

캄캄해진 폭포 아득한 저 안쪽 와자하여,
오늘 밤 비 오시겠다

깊은 산속 옹달샘

먼 뱃길 선유도 민박 든 뱃사람 집 뱃사람은 없고, 쪽마루 천장에 알전구 말간 밤이었네 팔월이었고, 마당에 모깃불 지펴놓고 쪽마루에 나와 앉은, 아직 젊어 입술이 유도화 같은 섬 여자가, 그을린 이마 무색토록 희게 드러난 왼쪽 젖을 아이에게 물리고, 무릎에는 눈썹이 까만 네 살배기 아이를 누이고, 느리게 느리게 자장가를 부르는 밤이었네

깊은 산속/옹달샘/누가 와서 먹나요/새벽에 토끼가/눈 비비고 일어나/세수하러 왔다가/물만 먹고 가지요

바지락 밭에서 노래에 취하던 홀시어머니

이른 밤잠에 시든 몸을 기대어보려 하네

문지방 곁엔 한 되들이 백화수복 병 하나 찰방이는 밀물 위에 끄덕끄덕 조을고,

물비린내 적요로운 달밤이었네

옹달샘 너무 맑아 세수는 못하고,

입술만 살풋 대고 갔다는 흰 토끼의 새벽길이 꼭 오늘 밤 같았을까

나도 왠지 기척을 낼 수 없어 손톱 속 옹달샘을 말가니 들여다보았네
 느릿느릿한 자장가 문간방을 열고 내 두 귀를 만져주었네

어미木의 자살 4

 죽은 엄마를 데려왔다 벌판으로부터. 남루한 허리통을 드러내고 버려져 있었으므로.

 염을 하고 수의는 입히지 않는다 잠그지 못한 단추 같은 마른 잎사귀 몇 개 마저 따내고 가파르게 굴곡진 옹이 눈 속에 오래전 말려둔 수레국화를 꽂아주었다 자살한 영혼은 환생하지 못한다는 말이 마음에 걸렸다

 말하자면 유기된 시체와 사랑에 빠진 셈일 텐데 나는 단지 그녀가 편안하게 말라가길 원했을 뿐이다 한때 아름다운 그늘을 빚던 손금을 가차이 오래도록 들여다보고 싶었을 뿐

 그런데 말이다 여리고 긴 목을 지닌 연둣빛 풀 하나가
 옹이 눈 속에서 돋아나온 거였다 기이한 통증에 나는 서둘러 주인집 정원 볕 드는 귀퉁이에 죽은 엄마

를 다시 내다 버렸는데

  한동안 잊었던 그녀가 문득 생각나 내려가본 해뜰녘. 거멓게 속이 타들어간 이 나무 밑둥치가 말이다 구멍 속에서, 펄럭이는 수천의 손 수천의 잎새 흰개미 알 매미 껍질 보드라운 음지 식물들이 난리법석을 떨며 살고 있더란 말이다 보잘것없는 제 아기들의 어미 된 것들이 죽은 나무 둥치 갈라 터진 틈새마다 그득그득 흰 빵을 물려주고 있더란 말씀이다

  유기했던 내 사랑의 그늘진 자리에서 죽음을 껴안으며 젊어진 엄마가 아침 소세를 끝내고 말갛게 나를 올려다보는 거였다

뒤쪽에 있는 것들이 눈부시다

해변 풀밭까지 내려온 어미 말은 둥그마니 잘 갈라진
바위틈에 코를 들이민 채 한나절을 푸르릉 조을고
아기 말은 흰 구름에 홀려 있다가도
어미 말의 크낙한 엉덩이 사이로 푸룽푸룽 코를 들이밀고
봄 들꽃 환장하게 피었는데 섬은 자기 심장을 쿵쿵 쳐대며
자맥질하는 바다의 둥근 어딘가에 자꾸만 코를 들이밀고
나는 말방울을 까맣게 잊은 채 새로 핀 꽃들의 옴팡하니 깊은
엉덩이에 코를 들이밀고 냄새를 킁킁거리다가
눈부셔 혼음에 겹곤 하는 것이다
이 섬이 처음 생겨날 때 어미의 가랑이
뒤쪽에서 뭉개져 흐르던 것들의 냄새
새봄마다 조금씩 풍겨나오는지 내가 돌보던 말들
대지에 코를 박고 연신 킁킁거린다

아무렴 뿌리는 저 속에 두었으니 꽃은 뒤쪽에 자리 한 사원이지

엎드려 읽는 경전이 중심까지 달뜬 채 깊은 것이다

다른 손에 관하여

아파트 놀이터에 한 아이 놀고 있네
웃으며 빵 부스러기 떨어뜨리네
다른 손으로 개미를 눌러 죽이네

얘야 개미를 죽이지 마

죽이지 말라니까!

왜 개미를 죽이면 안 되냐고
다른 손의 아이가 내게 대드네

제발,

웃으면서 죽이지는 마

한 아이 울면서 빵 부스러기 떨어뜨리네
다른 손으로 개미를 눌러 죽이네
아파트 놀이터에 한 아이 놀고 있네

그날, 늙은 복숭아나무 아래서

나를 부르는 목소리 들렸다.

응답했다.

    목을 쳐다오 나의 꽃은——

나를 부르는 내 목소리 들렸다.

    실어증이 빚어낸 내 몸이니——

아주 늙어 환해진 봄밤이었다.

Everybody Shall we love?

그러니 우리, 사랑할래요?

딱딱한 도시의 등딱지를 열고
게장 속을 비비듯
부패와 발효가 이곳에선 구분되지 않아요
그러니 잘 발효했다고 믿는 몸속에서 비벼진 밥알을
서로의 입에 떠 넣어주듯
그대를 밥 먹이는 게 내 피의 이야기인 듯

보도블록 콘크리트를 걷어내고
꽃잎을 놓은 댓잎 자리 위에 누워
우리 사랑할래요?
지나온 가로수의 허방으로 미끄러져간 계곡과 별빛
기어코 가시에 찔리죠 가시에 찔리고 싶어 걷는 봄날엔

그러니 총 대신! 빌딩 대신! 군함 대신! 지폐 대신!
건널목을 둥글게 휘어놓고

꽃잎 물고기와 사슴을 불러 해금을 켤까요
그대와 그대가 사랑을 나눌 때
그대와 그대 곁에서
그대들 위해 군함을 쪼개 모닥불을 지필까요
무릎뼈 위에 먹을 갈아
은행잎 댓잎 위에 번갈아 편지를 쓸까요 오세요 그대,

피 흘리는 벽들이 서로의 가슴을 칠 때
진동으로 생겨난 샛강 같은 골목들
그대와 나의 혈관을 이어 across the universe!
무수한 밤이 있었지만
밤의 등골 속으로 흰 새가 내려앉는 건 드문 일이죠
오세요, 단 한 모금 물을 찾아 하염없이 걸어야 할 밤이 오더라도
오세요, 그대가 천 번을 죽어나간다 해도
난 아무 데도 안 갈 거예요
뼈마디마다 댓잎 이불 펼치고 그대 입술에 진홍 꽃

잎 수놓으며
  여기서 사랑 노랠 부를 거예요 오래전 피 속의 벌나비 같은
  그대와 나의 해골을 안고 뒹굴 거예요

  포성 분분한 차디찬
  여기는 망가진 빗장뼈 위 백척간두의 칼끝
  이것은 피의 이야기,
  사랑을 구하는 피의 이야기,

대천바다 물 밀리듯 큰물이야 거꾸로 타는 은행나무야

그렇게 오는 사랑 있네
첫눈에 반하는 불길 같은 거 말고
사귈까 어쩔까 그런 재재한 거 말고
보고 지고 그립고 자시고 할 것도 없이
대천바다 물 밀리듯 쏴아 쏴아아아아
온몸의 물길이 못 자국 하나 없이 둑방을 넘어

진액 오른 황금빛 잎사귀들
마지막 물기 몰아 천지사방 물 밀어가듯

몸이 물처럼
마음도 그렇게
너의 영혼인 내 몸도 그렇게

거기쯤에서 봄이 자글자글 끓는다

세상에 소음 보태지 않은
울음소리 웃음소리 그 흔한 날갯짓 소리조차도
아무것도 가지지 않은
뿔도 침도 한 칸 집도 모래 무덤조차도

배추흰나비 초록 애벌레
배춧잎 먹고 배추흰나비 되었다가
자기를 먹인 몸의 내음
기억하고 돌아온 모양이다

나뭇잎 쪽배처럼 허공을 저어 돌아온
배추흰나비 늙어 고부라진 노랑 배추꽃 찾아와
한 식경 넘도록 배추 밭 고랑 벗어나지 않는다

아무것도 지니고 살지 않아도
무거운 벼랑이 몸속 어딘가 있는 모양이다
배추흰나비 닻을 내린
늙은 배추 고부라진 꽃대궁이 자글자글 끓는다

부쳐 먹다

강원도 산간에 비탈밭 많지요
비탈에 몸 붙인 어미 아비 많지요

땅에 바싹 몸 붙여야 겨우 먹고살 수 있는 목숨이라는 듯
겨우 먹고살만 한
'겨우' 속에
사람의 하늘이랄지 뜨먹하게 오는 무슨 꼭두서니 빛 광야 같은 거랑도 정분날 일 있다는 듯

그럭저럭 조그만 땅 부쳐 먹고 산다는—
부쳐 먹는다는 말, 좋아진 저녁에
번철에 기름 둘러 부침개 바싹 부치고
술상 붙여 그대를 부를래요
무릎 붙이고 발가락 붙이고 황톳빛 진동하는 살내음에 심장을 바싹 붙여

내 살을 발라 그대를 공양하듯
바싹 몸 붙여 그대를 부쳐 먹을래요

대포항

항구에 막 닿은 '대양호'에서
여자가 제 키만 한 방어를 받아 내렸다
활처럼 몸을 당긴 등 푸른 아침 바다가
지느러미를 퍼덕거리며 물방울을 쏘아올리는 사이
환한 비린내,
여자의 아랫배를 지나 내 종아리까지 날아와 박힌
푸른 물방울 화살촉을 조심스레 뽑아 든다
손금 위에 얹힌 물방울 하나 속에서
수천의 방어 떼가 폭풍처럼 울고

오냐 오냐
여자가 큰 칼을 들어
방어의 은빛 아가미를 내리쳤다
오냐, 내가 너를 다시 낳으마.

여자가 등 푸른 물속으로 치마를 걷으며 들어간다
여자의 몸에서 흘러나온 수천 마리 은빛 방어들,
정오의 태양으로 헤엄쳐 간다

|해설|

사랑의 형(形)과 율(律)

박수연

1

앞서 간행된 두 권의 시집에서 김선우는 둥근 순환을 표상하는 여성성의 전복적 언어들을 완성한다.

여성의 몸이 지닌 비의적이면서도 포괄적인 징표를 철저한 분석과 따뜻한 의미로 드러내고 감쌀 줄 알았던 그의 시편들에 대해 "내면적인 분석과 외부에 대한 집요한 응시" 혹은 "자기분석적이고 존재론적인"(김춘식) 시라 평하고, 그런 시를 산출하는 시인을 "살아 있는 몸을 신전으로 하여 뭉클한 생명의 향연을 펼치는 샤먼"(김수이)이라고 말하는 것은 상당히 정확한 설명이었다. 시의 언어를 구성하는 방법을 가리키는 전자와 그 구성의 근거를 가리키는 후자로 대표되는 그 평가들은 넓은 틀로 묶

어볼 때 몸의 언어적 표상을 지시하고 있다는 점에서 90년대 이후 문학 담론의 한 양상을 드러낸다. 90년대의 인문·사회과학계에서 몸의 담론이 의미하는 것은 자기 동일성의 경계를 무너뜨리면서 타자를 지향하고 그로써 형성될 세계에 대한 징후적 영역을 설정하는 것이었다.

김선우의 시가 이 담론의 유일한 분석 대상이었던 것은 물론 아니다. 여성 시인들에게 신체의 은유와 환유를 활용한 글쓰기는 거의 필연적이라고 여겨진다. 왜냐하면, 여성들이 '지워진 그(she=he)'를 정당한 존재로 복원하기 위해 남성과의 차이를 부각시킬 때 가장 유력하게 기능하는 교두보가 바로 몸이기 때문이다. 김선우가 주목된 것은 그러나 그 사실 자체 때문만이 아니다. 만일 그것 때문이기만 하다면 그의 시는 앙상한 논리의 희생양으로 그치고 말았을 것이다. 다른 훌륭한 비평가들의 여러 글이 분석하고 있는 내용을 참조해서 말한다면, 그에게 '빗금 쳐진 그'로서의 여성을 복원한다는 문제 설정은 서구적 페미니즘 담론의 앙상한 논리 그대로 언어화되는 것이 아니라 ①그 논리의 근거로 움직이는 육체 자체의 힘을 표현하되, ②그 힘을 서구적 논리 이전의 그의 현실 경험의 실재성으로, ③그리고 그것을 둥그렇게 감싸면서 세상의 존재자들을 사랑의 존재로 거듭나게 만들었기 때문이다.

이런 연유로 그의 시는 다른 여성 시인들의 시편들과

는 다른 영역을 형성한다. 김승희나 김언희로 대표되는 여성시의 한 경향이 남성 중심적 세계의 논리를 지속적으로 어긋나게 만들고 그 논리의 존재들을 한없이 불편하게 만들어버림으로써, 남성적 힘에 의해 억압되고 잠재되어 있는 새 세계의 가능성을 환기하는 효과를 갖는다면, 김선우에게 시는 여성적 삶과 현실을 동일화하고 치유하는 능력을 표상하는 것으로 드러난다. 가령, 「너의 똥이 내 물고기다」(『도화 아래 잠들다』)에서 "똥"은 남성적 논리를 벗어나는 여성의 어브젝션abjection의 표현이 아니다. 그것은 한 존재가 다른 존재로 거듭나면서 동일화되는 통로의 구체화된 이름이다. "귀하게 똥을 잡순 후에 내가 낳을 물고기!/더운 살 속으로 헤엄쳐 온다"는 인식은 그러므로 표현에 있어서나 시사적 흐름에 있어서나 진정한 의미의 시적 새로움에 값한다고 할 수 있다. 이 시에서는 혜공과 원효가 통일되고 아기와 엄마가 통일되며 찰진 살내와 아기의 똥이 통일된다. 그것을 "물고기"와 "더운 살"로 표현하는 것이 진정한 새로움일 수 있는 것은 그 주체와 타자의 통일을 상호 소통의 현실적 언어로 구성하고 있기 때문이다. '언어의 새로움은 현실의 새로움'이어야 한다는 명제가 실현되는 때가 바로 이 순간이다. 언어의 새로움이 주체와 타자 사이의 소통을 가능케 하는, 혹은 소통에 의해 이루어지는, 현실의 새로움을 가져오기 때문이다. 이런 의미에서 김선우의 새로움은 저간의 여성시는 물론이고, 최근의 젊은 시인들의 새로움과도 차별성을 갖는다. 젊은 시인들의 소통 불능의 시가 언어적 새로움이라는 긍정적 측면에도 불구하고 새로운 현실을 환기하는 능력에 있어서 현저히 함량 미달—그들의 시는 오히려 기존의 현실에 고통스럽게 함몰되어 있다고 해야 할 것이다—인데 비해 김선우의 시는 그 한계를 이미 충분히 넘어선 세계를 구성하는 것이다.

김선우의 시를 모종의 '완성'이라고 앞에서 썼던 이유가 여기에 있다. 그는 앞선 두 권의 시집에서 위와 같은 세계의 일단을 마무리한다고 여겨진다. 그의 여러 시편들이 예민하게 감지하고 있듯이 완성은 소멸을 전제하는 것이다. 그러나 그 둘은 완성되었기 때문에 소멸된다거나 소멸되기 위하여 완성된다거나 하는 관계가 아니다. 이 둘은 서로의 원인이라기보다는 오히려 근거라고 해야 한다. 원인과 결과는 주와 종을 형성하는 관계이다. 그에 비해 근거와 현상은 수평적 관계이며 서로에게 되돌아가는 상호적 감싸임의 관계이다.[1] 말을 바꿀 수도 있다. 그것들은 완성되는 순간 다른 것으로 나아가는 존재들이다. 『도화 아래 잠들다』에 수록된 시 「완경(完經)」이 표현하는 세계가 그것이다. "나는 꽃을 거둔 수련에게 속

---

1) 김형효, 『원효의 대승철학』, 소나무, 2006, p.39.

삭인다/폐경이라니, 엄마, 완경이야, 완경!"이라는 진술의 시적 사유는 그 근거와 현상의 상호적 관계에 닿아 있다. 폐경이기 때문에 완경인 것도 아니고 완경을 위해 폐경인 것도 아니다. 완경은 폐경을 근거로 해서 의미 있는 완경이 되고 폐경은 완경을 근거로 해서 의미 있는 폐경이 된다. 언어들의 의미가 보여주는 왕복 운동이야말로 시적 신선함의 이유일 것이다. 이 비의적인 의미 실현에는 그런데 삶이 말로 다하지 못하는 비약이 있다. 시의 언어는 바로 시의 언어이기 때문에 이것을 어렴풋이 전달할 수 있을 뿐이다. 그러나 이 전달을 가능하게 하는 비약은 또한, 그것이 비약이기 때문에, 이미 충만하게 실현되어 있는 의미를 확인케 하는 계기로서만 기능한다. 그것이 어떻게 실현 가능한 것인지에 대해 알 수 있는 정보는 이 시의 내부에는 없다. "닷새를 진분홍 꽃잎 열고 닫은 후/초록 연잎 위에 아주 누워 일어나지 않는다/선정에 든 와불 같다"는 1연의 표현도 마찬가지이다. 이것은 선에 몰입한 절대적 존재의 상태를 가리킬 뿐이다. 속세의 인간이 그와 같을 수는 없다. 폐경과 완경의 상호 스밈이 독자들에게 전달되기 위해서는 그 이유가 제시되어야 하는데, 시는 그것을 보여주지 않는 것이다. 다만, '열리고 닫히는' '수련-당신'의 "중심에 고인 허공"만이 "선정에 든 와불"의 화두처럼 제시되어 있다. 단지 그럴 뿐이다. 따라서 시는 수평적 관계로서의 '근거와 현상'

을 형상화하지만 시와 독자는 의미의 주종 관계로서 '시-원인'과 '독자-결과'를 형성하는 데서 그치고 말 것이다.

시인이 이 모순을 모를 리가 없다. 이를 해결하기 위해서는 시 외부의 시를 불러와야 하는데, 이 요청적 해결의 과정에서 한 권의 시집은 흐름의 성채를 이룬다. 이 흐름과 함께 어떤 운동이 시의 언어로 분명하게 포착된다. '꽃'과 '허공'은 김선우의 시에서 지속적으로 반복되는 모티프인데, 역시 『도화 아래 잠들다』에서 한 편을 더 읽어보기로 하자. 「매발톱」이 그 시이다. 독자들은 '허공'과 '꽃'의 의미를 좀더 분명하게 살펴볼 수 있다. "화분 흙에 엉겨 있는 발톱의 뿌리는/보드라운 이내 속 깊은 허공 같아서/〔……〕/반짝이는 수천의 실잠자리떼/이내 속 깊은 허공으로 날아갔습니다"에서 표현되는 것은 '허공'을 향해 나아가는 존재들의 압도적인 움직임이다. 허공이 원인이 되어서 잠자리 떼가 날아다니는 것이 아니다. 수천 마리의 잠자리 떼가 날아가는 허공은 이를테면 잠자리 떼가 날아다니는 근거로서의 공간이며, 모든 존재들이 운동하는 공간의 무한한 능력이 펼쳐지는 장소이다. 그래서 여기에는 원인과 결과처럼 주와 종이 서로를 협소하게 구속하는 기운이 존재하지 않는다. 이것은 차라리 무한 에너지의 상징이며 모든 생명이 기(氣)의 욕망을 펼치는 장소이다.[2] 요컨대 허공은 모든 운동을 이끌어내는 곳이다. '꽃'이 '폐경의 허공'으로서 '완경'과 함께 서로 스며드는 운동을 펼칠 수 있는 것도 이 때문일 것이다. 시인은 그것을 그칠 수 없는 운동의 운명으로 마무리 짓는다.

> 사람에 의해 이름 붙여진 순간
> 사람이 모르는 다른 이름을 찾아
> 길 떠나야 하는 꽃들이 있다고 들었습니다
> ─「매발톱」부분 (『도화 아래 잠들다』)

시는 완성되는 순간 미완성으로 전이되는 존재의 한 국면을 지시한다. '폐경-완경'의 상호 운동에 대한 시적 설명이 여기에 있다고 해도 될 것이다. '닫힌 꽃-폐경-완경'이 '허공'을 동반하고 그 '허공'이 운동의 자장을 이끌어내듯이, 하나의 명명은 미지의 대상과 세계로 나아가는 통로일 수밖에 없다. 이것을 굳이 기표의 미끄러짐이라고 부를 필요는 없을 것이다. 이런 논리화 이전에 이미 시인은 그것을 살아가는 존재이기 때문이다.

이 지속적인 운동의 운명을 수락하면서도, 독자들은 김선우의 앞선 두 권의 시집이 여성의 몸에 대한 집요한 관찰·분석과 의미화로 구성되어 있다는 사실을 알고 있

---

2) 김형효, 앞의 책, 같은 곳.

다. 이를테면, 그의 시집은 삶의 비의적 의미를 충만하게 하는 몸의 공간으로 집약된 언어 구성체이다. 그것은 운동이기는 하되 하나의 점과 공간을 점유하는 존재자들의 내적 운동에 대한 묘사이다. 총괄해서 여성의 몸으로 되돌아가는 언어들이라고 할 수 있는 두 권의 시집은 대부분 그 몸의 비의를 생성하는 과정의 '형태'를 묘사하는 데 집중한다. 그래서, 언어들의 외적 지향은 그것의(혹은 몸의) 내적 지향 이면에 잠재되는 형태로 더 많이 존재한다고 여겨진다. 김춘식이 "내면적인 분석과 외부에 대한 집요한 응시"인 동시에 "자기분석적이고 존재론적인" 언어라고 김선우의 시를 설명한 것도 이와 관련된 것이다.

형태에 집중한다는 점에서 김선우는 일단의 완성태를 보여주었다. 이 형태는 그러나 운동하는 과정적 존재들에 대해서는, 대립까지는 아니라고 해도, 크게 대비되는 방식임에 틀림없다. 김선우는 아마 그것을 인식하고 있었을 것이다. 그것이 한 편의 시에서 다른 편의 시로 움직이도록 하는 근거를 이룬다는 점을 독자들은 살펴본 셈이다. 그 이후에 그는 어떤 길을 예비하고 있는 것일까?

2

한 권의 시집은 흐름의 성채이다. 이것은 하나의 유일한 흐름을 의미한다. 모든 변모하는 것들을 추상함으로써 독자들은 '흐름'을 떠올릴 수 있다. 시가 왜 노래이며 노래로서 어떻게 새 세계를 환기할 수 있는가의 문제도 이로써 해명될 것이다. 노래는 흐름의 생성으로써 존재들에 반향하기 때문이다. 이 흐름의 생성을 위해 김선우가 집중하는 것은 '사랑'이다. 파이드로스의 말에 답하여 아가톤이 에로스의 유연한 흐름을 강조하듯이[3] 사랑은 대상을 향한 흐름의 의미를 완성하는 존재이다. 이 사랑에 대한 집중은 『내 혀가 입 속에 갇혀 있길 거부한다면』이나 『도화 아래 잠들다』의 여성의 몸으로 환기했던 세계를 떠올린다면 그다지 특이한 것은 아니다. 그러나 독자들은 "사랑이 아니라면 오늘이 어떻게 목숨의 벽을 넘겠나"(「아욱국」)라는 구절의 의미를 『내 몸속에 잠든 이 누구신가』의 서시 「등」과 함께 읽어야만 한다. "새"는 죽어서도 자신의 등을 사랑의 대상에게 내어준다는 사실을 기억해야 할 것이다. 이때, 이번 시집의 의미는 삶의 비극과 그 비극을 초월하는 목숨의 사랑으로 정향된다.

---

3) 플라톤, 『향연』, 박희영 옮김, 문학과지성사, 2003, p.98.

그렇다면 이 사랑은 이전 시집들이 집중했던 '점'과 '공간'의 자기 집중적 '형태'로부터 '대상-타자'를 향해 시적 사유가 나아가기 시작하는 하나의 징후에 해당될 것이다. 논의해보아야 할 것은 그러므로 대상에 집중하는 과정으로서의 '흐름'과 그것의 능력을 펼쳐보이는 근거인 '사랑'이다. 우선 사랑에 대한 이야기가 있다.

쓰러진 것들의 냄새 가득해요 비 그친 후 세상은
하루의 반성은 덧없고 속죄의 포즈 세련되지만
찰기가 사라졌어요 그러니 안녕, 나는 반성하지 않고 갈 거예요 뾰족한 것들 위에서 악착같이 손 내밀래요 접붙이듯 날개를 납작 내려놓을래요

수 세기의 겨울이 쌓여 이룬 가을 봄 여름이에요 비 그친 후 쓰러진 것들의 냄새 가득한

사랑이여 쓰러진 것들이 쓰러진 것들을 위해 울어요

이 빛으로 감옥을 짤래요 쓰러진 당신 위에 은빛 감옥을 덮을래요

나는 울어줄 손이 없으니
당신의 감옥으로 이감 가듯 온몸의 감옥을 접붙일래요

―「잠자리, 천수관음에게 손을 주다 우는」 부분

 이미 말했듯이, 시집 전체에 편재하는 사랑의 정념들은 쓰러져 소멸하는 것들을 위한 레퀴엠을 사랑의 송가로 만든다. 이 압도적인 사랑이 쓰러져 소멸하는 존재들을 자기 편으로 삼아 이루는 것들은 "울고"(감옥을) "짜"고, "덮"고, "접붙이"는 일인데, 이 언어들이 표상하는 것은 공교롭게도 대상을 향해 무엇인가를 해주지 못해 안타까운 존재의 온몸을 던지는 행위이다. "쓰러진 것들이 쓰러진 것들을 위해 울"때 그 무위의 존재가 의미화하는 것은 악착같은 죽음의 분위기이다. 아니, 그것은 소멸의 의지라고 부르는 편이 정확할 것이다. 시의 화자는 "안녕, 나는 반성하지 않고 갈 거예요"라고 그 의지를 분명히 드러내는데, "접붙이듯 날개를 납작 내려놓"는 것도 그것의 또 다른 표현에 해당한다.
 죽음의 분위기가 지배적인 이유는 많을 것이다. 실제로 세상은 언제나 죽음으로 미만(彌滿)해 있다. 소멸과 죽음은 모든 생명 있는 것들의 피할 수 없는 운명이며, 때로 그 운명은 오히려 모든 행운을 회피하는 듯하기도 하다. 그러므로 이 소멸과 죽음을 이야기하는 일 자체로써 문학적 특이성을 획득할 수는 없다. 필요한 것은 그것을 뒤집는 일이다. 김선우의 시에서 압도적인 사랑의 문제가 다시 주목되어야 하는 이유가 여기에 있다. 바로 여기서 김선우 시가 가진 언어의 특성이 해명될 수 있는 것이다. 가령, "사랑이여 쓰러진 것들이 쓰러진 것들을 위해 울어요"를 보자. 우는 행위는 이미 쓰러진 것들이 서로를 향해 펼쳐 보이는 정념의 드러냄이다. 이 정념이 넓은 의미에서 '사랑'의 한 가지 근거라는 사실을 지적할 필요는 없을 것이다. '우는 행위'가 사랑의 드러냄이라면, 따라서 그 구절은 이렇게 다시 씌어질 수도 있다. '사랑이여 쓰러진 것들의 사랑이 있어요.' 이것은 묘한 방식으로 되새겨지는 사랑이다. 우선, 사랑의 반복은 이 세상을 사랑의 힘으로 뒤덮는다. 시에 "쓰러진 것들의 냄새 가득해요"라고 '사랑해야만 할 비극의 충만함'이 넘쳐나는 것은 그 때문일 것이다. '가득하다'는 공간적 의미로서만 그런 것도 아니다. "수세기의 겨울이 쌓여 이룬 가을 봄 여름"의 시간적 의미로써 그 충만함은 도를 더한다. 다음, 이 사랑의 열도 속에서 그 사랑은 둘로 나뉜다. 하나는 화자의 말을 듣는 사랑이며 다른 하나는 화자의 말로 표현되는 사랑이다. 그러니까, 감옥을 짜고, 감옥을 덮고, 감옥을 접붙이는 행위는 저 세상을 온통 덮어버린 사랑의 은유인 것이다. 김선우의 언어가 갖는 특이성이 바로 이것이다. 이중적 의미화의 통로—그것 자체로 리듬을 만들어내는—를 통해 그의 언어는 묘한 율조를 획득한다.

　'죽음-소멸'과 '재생-사랑'의 흐름은 별도의 예를 더

들어볼 필요가 없을 정도로 시집에 편재되어 있다. 서시 「등」이 그 사랑의 은폐된 공식을 노래한다면 두번째 시 「낙화, 첫사랑」은 그 사랑의 역설을 노래한다. 이를 위해 그가 동원하는 모티프들 중 몸과 몸을 나누고 섞는 이미지도 주목될 필요가 있다. 「그 많은 밥의 비유」나 「여러 겹의 허기 속에 죽은 달이 나를 깨워」가 그렇다. 후자의 시를 보자.

혼례의 밤이 왔지 나는 배가 고팠네 서둘러 고개를 넘는데 접시만 한 불덩이가 앞을 가로막았지 배 밑에 품은 야윈 새끼도 보여주었네 팔 한 짝 주면, 다리 한 짝 주면……〔……〕 두려운 만월이었네 오도 가도 못하는 고갯길, 육탈한 해골들이 바람을 끓여 빚은 혼례의 술이 넘쳤지만 다리 한 짝 팔 한 짝 엉덩이 한 짝, 베어주면 줄수록 나는 배가 고팠네 〔……〕 이글거리는 불덩이, 굶주린 호랑이의 둥그렇게 벌린 입속으로 무릎걸음으로 기어들면서야 알았네 초승이거나 그믐이거나, 구름 속이거나 밖이거나, 살거나 죽었거나 내 몸속으로 들어와 나를 살린 것들 다 이렇게 두려웠겠구나 만월이었고 혼례의 밤이었네 온몸을 가득 채운 여러 겹의 허기가 참을 수 없이 슬퍼져 그대 몸속으로 통째 걸어 들어갔네 온몸을 통째 으깨어 먹였네
—「여러 겹의 허기 속에 죽은 달이 나를 깨워」 부분

소멸의 의지는 다른 몸을 통해 이루어진다. 다른 몸으로 들어가기 위해 하나의 몸이 잘게 나뉘어진다는 사실을 주목하기로 하자. 이것은 연속체인 몸이 부분으로 나뉨으로써 다른 몸과 섞일 수 있다는 사실을 표현하는데, 앞에서의 설명을 이용해서 말하면, 그것은 '점·공간·형태에서 선·시간·이동(운동)으로의 이행'을 나타내는 것이다. 이와 같은 방식으로 형식화되는 것, 즉 한 존재가 다른 존재로 거듭나는 이 운동 과정을 독자들은 이번 시집에서 지속적으로 경험할 수 있다. 그런데 한 몸에서 다른 몸으로의 이행이라고도 할 수 있는 이 육탈의 사건은 이번 시집에서는 더 이상 여성의 몸이 갖는 특유의 내용으로 채워지는 것이 아니다. 이것은 차라리 모든 몸 일반이 공유하고 있는 타자 지향적 보편성의 실현 과정이다. 동시에 이것은 해탈에 대한 시가 아니다. 오히려 해탈 이전의 고통을 나누기 위한 삶의 운동에 관한 시이다. 한 존재에서 다른 존재로 거듭나는, 거듭나면서 삶의 모든 운명을 송두리째 동반하는 운동을 시는 표현한다. 이 나뉨과 이동과 뒤섞임의 과정을 삶의 리듬이라고 할 수 있다면, 이제 시의 언어들은 그 삶에 반향하여 율조 있는 의미 구성체로 변모하게 될 것이다.

여성의 몸에 대한 분석적 시선들이 이로써 하나의 흐름을 이루는 전체의 감각으로 현상한다. 처음에 여성의 몸이 분석적 대상이었을 시의 언어들은 하나의 점으로 집중되는 형태를 이루었다. 이것을 원자들의 세계라고 할 수 있다. 김선우의 앞선 두 권의 시집은 여성의 몸과 그 몸이 겪는 사건에 대한 치밀한 묘사를 통해 점과 공간을 점유하는 원자 형태의 신체를 구성한다. 그 신체가 위의 시에서처럼 다른 신체로 이행할 때 하나의 몸에 대한 치밀한 묘사는 더 이상 나타나지 않는데, 그것은 계속 운동하고 유전하는 원자들의 필연적 귀결이다. "점이 선 안에서 부정(지양)되는 것과 마찬가지로 낙하하는 모든 물체는 그것이 그리는 직선 안에서 부정"[4]되기 때문이다. 다시 말해 "그 점은 어떤 현존재—그것이 그리는 직선—안에서 자신의 개별성을 잃는다."[5] 이로써 여성의 몸이 보여주는 형태는 그 몸의 이동으로 실현되는 율조로 이행된다.

　이것을 시적 리듬으로 이해하는 것은 시 일반의 이해에 있어서도 중요한 계기이다. 리듬rhythm의 희랍어 어원이 '형태'를 뜻하는 루스모스ρυθμόs였다는 사실을 알아두어야 할 것이다. 그러니까 리듬은 파도치는 물결이 언어에 의해 포착되는 것과 같은 방식으로 자연의 양상을 드러내는 것이 아니다. 리듬은 오히려 형태로부터 시작되고 이 형태들의 존재 방식에 대한 오랜 추상을 거쳐

---

4) 칼 마르크스, 『데모크리토스와 에피쿠로스 자연철학의 차이』, 고병권 옮김, 그린비, 2001, p.74
5) 위의 책.

그 형태를 재배열하는 사태들을 가리키기 위한 용어이다. 이를테면, 루스모스는 "불안정하고 유동적인 것에 의해 인수되는 순간에 있어서의 형태, 유기적인 견고도를 지니고 있지 않은 것의 형태"[6]이다. 위의 시에서 불안과 두려움의 순간 삶의 곡진함이 그 리듬으로 표현된다는 사실을 염두에 둘 수도 있다. 혹은 삶의 저 유구한 순환을 표현하는 일에서 '죽음-재생'의 시적 의미화가 김선우의 이번 시집에서 두드러진다는 사실도 기억해둘 수 있다. 그의 시집에 '형에서 율로' 움직이는 힘을 살펴보아야 하는 것은 이 때문이다. 따라서 그의 시의 리듬은 단지 언어적 반복의 차원을 지칭하는 것이 아니다. 그의 시의 리듬은 오히려 삶 전체가 '죽음과 재생'으로 의미화되는 '한→다른 몸'의 이행 양상을 하나의 흐름으로 포착한 심미적 결과이다.

그런데, 루스모스의 어원이 또한 '흘러가다'를 뜻하는 단어 레인 ρεῖν이라는 사실을 주목하기로 하자. 루스모스가 형태라는 의미로부터 벗어나서 '리듬'의 의미를 획득하기 시작한 것이 플라톤의 시대에 이르러서이기 때문에, 결국 리듬은 '흐름-형태-운동'의 양상을 띠는 것인 셈이다. 이것은 잠재적인 것이 현실화하고 현실적인 것

---

[6] 에밀 뱅베니스트, 『일반 언어학의 제문제1』, 황경자 옮김, 민음사, 1992, p.479

이 잠재화하는 어떤 움직임을 상징적으로 드러낸다. 김선우의 시에서 그것을 말하면, 여성의 몸이 실현하는 자기 집중적 사랑의 세계가 다른 몸으로 이행하는 과정으로 변모하고, 이것이 다시 사랑의 몸으로 재귀될 가능성을 갖는 세계이다. 플라톤이 『향연』에서 사랑의 일치를 '화음-리듬'의 음악으로 표현하는 것도 마찬가지이고, 하이데거가, 김선우의 이번 시집의 중요 주제인 '죽음'을, '존재자에서 존재로 이행하는 것'이라고 설명하는 것도 마찬가지이다. 이것들은 모두 삶의 리듬을 저 밑에서 규정하는 흐름의 세계이다.

이것이 언어로 표현되지 않는다면, 형에서 율로 이행하는 삶의 방식은 도저히 이해할 수 없는 것에 불과할 것이다. 김선우가 그것을 언어화하는데 능란한 시인이라는 사실은 다음과 같은 시 한 편만 보면 된다.

1

그 밥을 따서 무엇에 쓰게요?

그대 밥상에 놓게요.

나는 푸른 연밥은 질색이에요.

먹으라는 게 아니라 들어가 쉬라구요.

2

　연밥 따는 아씨여
　그렇게 많은 구멍이 내겐 필요 없어요.
　축축히 젖은 옹관들 빼곡하게 박힌
　그 공동묘지는 뒤울이 너무 깊으니
　내겐 단 한 개의 무덤만 줘요.

3

죽은 이들이 흘리고 간 머리카락이
연밥 속에서 무럭무럭 자라나는 늪이었네

붙들고 싶은 것이 남아
겨울이 와도 연밥은 푸르렀고
아기들의 손톱은 쉬이 짓물렀네

　들어가 쉴 수 없네 아씨여
　나는 푸른 연밥은 질색이라오.

들어가 쉬라는 게 아니라 그만 구멍을 나오라구요!
이름도 가져보지 못한 채 눈 가려져 던져진
아기들이 꽃 필 차례예요.
어서요, 이 밥을 따야겠어요.
　　　―「킬링필드, 연밥 따는 아씨의 노래」 전문

시는 의미의 굴곡을 언어로 드러낸다. '해요체'와 '하오체' '하게체'의 교차로 이루어진 결구가 의미의 리듬을 형성하는데, 이것은 시의 화자와 대상이 서로 엇갈리는 형식을 통해서도 이루어지는 것이다. 시행의 배치와 연 구분도 그렇다. 형태의 재배열은 이로써 유동성의 리듬으로 전환된다. 리듬이 리듬으로만 끝난다면 그것은 시적 형식의 폐쇄성에 그치고 말 것이다. 이 형식이 의미의 율동을 통해 "아기들이 꽃 필 차례"라는 삶의 기약으로 비약하는 경우를 「킬링필드, 연밥 따는 아씨의 노래」는 온전히 보여준다. '밥'과 '밥상'이 김선우 시의 많은 곳에서 '목숨-살림'의 매개체로 나타나는 것이라면, 이 시에서 그것은 죽음의 계기를 거쳐 한 세대 이후의 생명을 기약하는 매개체이다. 이 시간적 변전의 기약을 "먹으라는 게 아니라 들어가 쉬라구요"에서 "들어가 쉬라는 게 아니라 그만 구멍을 나오라구요!"로 이동시키고 그로써 의미 변화를 압축할 때, 시는 화자와 언어와 의미의 율동을 가져오는 충만한 운동을 이끌어낸다. 이 의미의 율동이 언어적 결구의 변전과 결합된다는 사실을 주목해야 할 것이다. 이 시 이외에도 '~네'로 어미 처리되는 결구의 율동감이 이번 시집의 특징이라면, 이 특징은 위에서 설명한 삶의 운동을 형식적으로 재현한 것이라고 할 수 있다. 그가 이것을 '노래'라고 규정한다는 점은 특별히

고려될 필요가 있다. 노래는 고정된 형태가 아니라 매번 스스로를 변화시키는 율동의 의미 구성체이다. 김선우의 시는 이로써 미학적 구성물의 형식으로 그치지 않고 심미적 율동의 삶으로 언어를 확장시키는 것을 보여주는 훌륭한 예가 된다.

이번 시집에서 별도로 살펴보아야 할 것은 위 시 이외에도 「봄잠」 「제비꽃밥」 「열네 살 舞子」 등으로 표상되는 언어 확장의 예이다. 원자가 연대를 통해 운동하듯이 김선우의 시가 사회적 연대의 표현에 이르른 것은 필연적일 것이다. 물론 사회적 관심사의 표명이 연대의 형성에 도달한다고 할 수는 없다. 그러나 김선우에게 그 관심 표명이 삶의 율동과 같이 사회적 연대 서명으로 전환할 수 있는 계기는 이미 내재되어 있는 것이라고 할 수 있다. 「봄잠」은 특히 그 유동성의 의미화가 도달하는 율동적 삶의 사회적 확장을 표현한다. 시의 결구는 이렇다.

> 산벚나무 밑에 잠든 늙은 여자를 본다면
> 그 여자 심장 위로 꽃잎 사무치게 져 내린다면
> 잠든 그림자 가만히 열어 나비를 꺼내야 하리
> 꽃잎 져 내린 후 푸르게 남아 흔들리는 꽃받침,
> 그 흔들림까지 다 꽃이었으니   ─「봄잠」 부분

꽃잎의 난무가 하나의 삶을 덮고 남는 것은 그 덮음의

흔들림이 오래 함께 흔드는 마음이다. 이미 말했듯이 사랑의 시인에게 마음이 흔들리는 일은 그 타자와 연대하는 삶의 율동에 다름 아닐 것이다. 더구나 꽃잎에 덮이는 여인이 "군인"에게 쓰러지는 사회적 사건은 「봄잠」이 단순한 미적 구성물과는 관계가 없는 것이라는 사실을 알려준다. 어떤 연대 의식의 표현임에 틀림없는 이 언어들은 그러나 또한 그 사회적 의미의 총량에 압도되지 않는다. 오히려 시는 의미를 적절히 견제하면서 심미적 차원을 달성하는데, 김선우는 이로써 삶과 언어와 사회의 이행을 언어의 긴장으로 충분히 보여준다. 『내 몸속에 잠든 이 누구신가』는 그 언어적 긴장의 율동적 이행으로써 삶의 사랑이 연대적 사랑일 수 있음을 확인해준 시집이다.

3

흘러가는 것들의 파생 명사로서의 '루스모스-형태'가 '흐름-음악'의 의미를 되찾는 리듬으로 거듭나듯이, 김선우의 시는 시적 사유들의 재배열을 통해, 나아가서는 시적 대상들의 형태를 흐름으로 재배열하는 작업을 통해 리듬을 획득한다. 이 리듬은 시의 언어들이 구성하는 리듬이며, 시집을 구성하는 리듬이고 그래서 그 시와 시집으로써 반향하는 삶을 표상하는 리듬이다. 시인이 자신의 운명을 버리지 않는 한 '형태-존재자'들의 재배열은 시인의 시집 속에서 지속적으로 진행되어야 할 과제일 것이다. 김선우의 세번째 시집이 이 형태 재배열을 이룬다는 것은 그가 시의 운명을 시집으로 다시 한 번 완성한다는 뜻이 된다. 독자들은 그 완성과 함께 여전히 김선우의 시적 사유가 소멸과 재생이라는 운명으로 던져지는 사건을 볼 수 있다. 그 다음에 그가 어떤 리듬과 삶으로 되살아 나올지는 알 수 없다. 시인은 그 운명의 시간과 끝내 마주 서는 사람이다. 시간의 흐름은 그것을 언제나 용납할 수밖에 없으니까. 고은이 일찍이 그와 유사한 진술을 한 적이 있다. 「나의 시」(『어느 기념비』)에서 "마침표 없는 시만이/한 편의 시로 끝나지 않고/다른 시로/다른 시로 이어졌습니다"라고 그가 쓸 때, 혹은 그 반대로 「그 시인」(『어느 기념비』)에서 "오랫동안 그는 시인이었다//[……]//그의 오막살이에는 시 한 편 남겨져 있지 않았다/시를 쓰지 않는 시인이었던가/그래서 한 시인이/그의 시 한 편을 대신 썼다/쓰자마자/그 시조차 바람에 휙 날아갔다"고 쓸 때, 독자들 앞에 있는 것은 하나의 형태로 고정되지 않은 채 지속적 변모의 과정에 들려 있는 시의 이미지이다. 고은이 이처럼 시적 형이상학을 초월적 언어로써 표현한다면, 김선우는 그것을 시적 삶의 구체로 표현한다. 이를테면, 부처를 만나면 부처를 죽이는 일의 한 면모가 그에게서 나타난다고 할 수 있다. 그에게 시적 형이상학은 그것 자체로 현상하지 않는다. 그것은 사랑의 모든 대상들을 향한 삶의 구체일 뿐이다. 이것이 구체이기 때문에 삶의 리듬에 연결된 노래는 더욱 곡진하다. 그는 그 삶의 모든 구체 앞에서, 슬픔일 때 곡비(哭婢)가 되고 기쁨일 때 연인이 될 줄 아는 시인이다. 한 몸으로 여러 몸일 줄 아는 사람이다. 따라서 그 한 몸의 형태가 여러 몸의 율조로 거듭나는 곳에 그의 시가 있다고 이제는 말해야만 할 것이다. 이때 문득 사랑의 형(形)이 율(律)로 바뀌는 광경을 독자들은 볼 수 있다. 그리고 그때 독자들의 삶의 형이 율이 될 것이다. 김선우의 시를 읽는 일은 그렇게 서로를 살려주는 과정의 사랑을 실현하고 확인하는 일이기 때문이다.